戦後日本とキリスト教

敗戦の混乱期から
社会制度の確立期まで

富坂キリスト教センター編

新教出版社

序文

原　誠

二〇二五年はアジア太平洋戦争が終わってから八〇年になります。イスラエルの民がエジプトを脱出してカナンにたどり着くまで四〇年かかったとされています。乳と蜜の流れる約束の地にたどり着くまで一世代の代替わりが必要であったということでしょう。イスラエルの民はこの出来事を民の歴史として語り続けました。日本の戦後八〇年、一世代が交代する現在のわたしたちは、戦時下とその後の敗戦という日本社会の大転換期をどのような事柄として受け止めて語り続けているでしょうか。日本の近・現代の始まりはペリーによる砲艦外交による開国でした。そして続いて来日した、主にアメリカの宣教師によってキリスト教が伝えられておよそ八〇年が過ぎたときに、アジア太平洋戦争、一五年戦争が終わりました。そして、今、戦後八〇年を迎えています。

戦前・戦中は「悪」、戦後は「善」というほど単純な話ではありません。そしてなによりもわたしたちの最大の関心は、この歴史のなかの「キリスト教」「教会」にこそあります。日本の近・現代の歴史の中で現在にいたるまでつねに少数であり続けてきた「キリスト教」「教会」は、戦後の転換期の時期にどのようなことに向き合わなければならなかったのか、何が問われることであったのか、これらを念頭に置きながら、八〇年前の敗戦直後の時代をさまざまな角度から帰納法的な方法でその一端に迫ろうとしました。それが本書の各章に現れています。

本書は二〇二一年度から始められた富坂キリスト教センターの「戦後社会制度とキリスト教〈1945－60年〉」という主題として進められた共同研究の成果です。本書のタイトルは『戦後日本とキリスト教――敗戦の混乱期から社会制度の確立期まで』です。このプロジェクトがここにいたるまでには、富坂キリスト教センターで長年にわたって継続して蓄積されてきた研究の成果を継承しようとする意図があったからです。一九八二年から故土肥昭夫先生を座長として始められた天皇制と日本のキリスト教に関する共同研究がその始まりでした。それが第一期『キリスト教と大嘗祭』（八六年）、第二期『天皇制の神学的批判』（九〇年）、第三期『近代天皇制の形成とキリスト教』（九六年）、第四期『大正デモクラシー・天皇制・キリスト教』（二〇〇一年）、第五期『十五年戦争期の天皇制とキリスト教』（〇七年）となってその成果が刊行されました。本書はこれらを踏まえてなされた成果です。この学際研究は、国内のキリスト教内外の要望に応えようとするだけではなく、アジアの諸教会とのエキュメニカルな連帯を目指すという富坂キリスト教センターの趣旨に基づくもので、特に「北東アジアからの厳しい問いかけを意識しての取り組み」（土肥昭夫）でした。また『協力と抵抗の内面史――戦時下を生きたキリスト者たちの研究』は、これまでの社会制度の通史研究を補う形で二〇一九年に出版されました。わたしたちキリスト者にとって問われる最大の課題である天皇制は、「国家と天皇、そして国民に関わる価値の総体、そこから展開され深化される民族としての根拠や道徳観、あるいは規範に関わる根拠であったと要約できる」（原誠）といえます。

昭和天皇は、その在位の六四年の前半は現人神として、後半は同一人物でありながら「象徴」とされて生きてきました。敗戦によって日本が独立主権を失っていた時代に、基本的人権の尊重、国民主権（民主主義）と平和主義（戦争放棄）を内容とする日本国憲法が公布されました。しかし当初考えられていたこれらの理念は、極東を含む国際政治の影響を強く受けて翻弄され大きく変化しました。戦後の復興とともに長い昭和の時代を経て、そして天皇の代替わりを経て平成の時代を経て現在は令和の時代です。昭和天皇の時代には戦争責任をめぐる議論もありましたが、最近の世論調査によれば「今の象徴天皇制でよい」と答えた人は七四％で（二〇一九・毎日新聞）であり、天皇は平和的象徴的なものであって、象徴天皇制は貴重であるとの意見が浸透していることが分かります。

戦後八〇年を経て、わたしたちはこの時代を検証する時期に来ています。この戦後史に関する研究もそれぞれに膨大な研究の成果が蓄積されつつあります。本書で取り上げられた各章についても研究の蓄積がありますが、本書はこのような課題を念頭に置きながらこれらの課題に向き合おうとしてきた成果としてまとめられました。

二〇二四年一〇月

目次

装丁　渡辺美知子

第一章　〈精神〉と〈物量〉
――戦後占領期の宗教政策をめぐって

大久保　正禎

プロローグ　「問題は根本的に神学的」

一九四五年九月二日、朝八時半過ぎ。連合国軍最高司令官（the Supreme Commander for the Allied Powers＝SCAP）ダグラス・マッカーサーは東京湾に停泊する米戦艦ミズーリ号に乗艦しました。日本の降伏文書調印式に臨むためです。その直後に、重光葵外相と梅津美治郎参謀総長を首席全権とする日本側代表団も乗艦し、九時から調印式が開始されます。調印前にマッカーサーは短い演説を行いました。その後、まず日本側の重光、梅津が降伏文書に署名し、続いてマッカーサーが連合国軍最高司令官として署名。さらに米国代表として米太平洋艦隊司令官チェスター・

W・ニミッツが署名。続いて、連合国各国代表が署名しました。

　マッカーサーは調印後にも演説をし、それは短波放送を通じて米国に放送されました。そのラジオ演説の一節。

> 軍事同盟、勢力均衡、国際連盟はいずれも、戦争のるつぼを経由する道のりだけを残して次々に失敗に帰した。戦争の徹底的な破壊力がこの選択肢を吹き飛ばしてしまった。われわれは最後のチャンスに直面している。われわれが何らかのより大きな、より公正なシステムを見いだすのでなければ、ハルマゲドンが我々の戸口に迫ることになるだろう。問題は根本的に神学的であり、精神的な再生と人間の人格の改良を含む。それらは過去二千年に及ぶ科学、芸術、文学、そしてすべての物質的、文化発展におけるわれわれの比類無き前進と共にあるものである。もしわれわれが人類を救うとするならば、それは精神の救いでなければならない[1]。

　これは、第二次世界大戦後の平和構築の可能性について述べた部分ですが、マッカーサーがここで「神学的」（theological）という言葉を使って日本の戦後改革の根本的問題を示唆していることに驚かされます。マッカーサーは名演説家として知られ、その言葉はしばしば大言壮語を吐くものでした。しかしここには単なる大言壮語にとどまらず、マッカーサーによる日本の占領統治、戦後改革の一端が映し出されています。それはまさに「神学的」＝「キリスト教的」になされようとしたのでした。

連合国軍最高司令官総司令部（General Headquarters of the Allied Forces Powers＝ＧＨＱ）による日本の占領統治および戦後改革は原則的に、敗戦時に日本が受諾した「ポツダム宣言」に従ってなされました。「ポツダム宣言」には、以下の一節があります。

日本国政府ハ日本国国民ノ間ニ於ケル民主主義的傾向ノ復活強化ニ対スル一切ノ障礙ヲ除去スヘシ。言論、宗教及思想ノ自由並ニ基本的人権ノ尊重ハ確立セラルヘシ。

また、占領初期のＧＨＱの統治原則を示した、米国務・陸軍・海軍三省調整委員会（State-War-Navy Coordinating Committee＝ＳＷＮＣＣ）の作成になる文書「降伏後における米国の初期の対日方針」（United States Initial Post-Surrender Policy for Japan, 8.29, SWNCC150/4）には次のような記述があります。

宗教的信仰の自由は、占領と共に直ちに宣言せらるべし。同時に日本人に対し超国家主義的及軍国主義的組織及び運動は宗教の外被の蔭に隠るるを得ざる旨明示せらるべし。

人種、国籍、信仰又は政治的見解を理由に、差別待遇を規定する法律、命令及び規制は廃止せらるべし。

ここには第二次世界大戦後の平和構築にとって阻害要因となる超国家主義及び軍国主義を排除し、民主主義的自由の確立がうたわれ、その一つとして「信教の自由」が掲げられています。ＧＨＱはこの原則に沿って国家神道を解体し、「信教の自由」を確立する改革を進めていきます。やがてそれは日本国憲法二十条の信教の自由及び政教分離の規定に結実します。けれども他方でマッカーサーは、キリスト教に対する支持と支援を隠しませんでした。ＧＨＱもマッカーサーのその姿勢を容認しました。

戦後、日本には「キリスト教ブーム」が到来したと言われます。実際、戦時下には敵性宗教として警戒され人波が途絶えていた教会に、戦後は人があふれ、日曜学校にも子どもたちが入りきれず、土曜日に教会学校を開くなどといったことも行われました。日本基督教団の教会では、一九四七年から一九五一年まで統計上受洗者数は毎年一万人を超えました。こうした「キリスト教ブーム」と呼ばれる状況はしばしば、マッカーサー及びＧＨＱによるキリスト教支持の姿勢によってもたらされ、日本人キリスト者はこれを伝道の好機と受けとめ、潤沢な支援金によって大々的に伝道活動を展開しましたが、占領の終わりと共にめぼしい成果を残さず退潮していったというストーリーのもとに語られます。しかし、占領政策におけるキリスト教の処遇について詳らかに顧みられることはこれまであまりありませんでした。それらは広範囲・多岐の施策にわたり、全体を見渡すことが容易ではないからという理由もあるでしょう。また当時、占領政策の内実については厳しく情報統制がなされていたことを考えれば、日本人キリスト者が占領政策におけるキリスト教の処遇の内実を認識することは難しかったと想像されます。むしろ日本人キリスト者にとっては、戦後、降って湧いたかのごとく教会に注目が集まり、その対応に追われ、しかしやがてそれは到来した時と同様、よく分からぬまま、気がつけば退潮していた、というのが実感だったのではないでしょうか。いわば日本人キリスト者は、戦後の「キリスト教ブーム」的状況に「翻弄された」と言うのが適当かもしれません。

ここでは、占領期ＧＨＱの宗教政策を概観し、その中でとりわけマッカーサーの意向の下に進められたキリスト教の処遇に注目し、戦後日本キリスト教に対してそれが意味したところ、また、それによって現在にも残されている問題・課題を見つめ直す手がかりとしたいと思います。

第一節　占領下の宗教政策

⑴　占領下の宗教政策のなりたち

第二次世界大戦における米国の参戦は一九四一年一二月の日本軍による真珠湾攻撃を契機としました。それ以前、米国は一九三五年来の中立法によって孤立主義の態度を取っていました。しかし一九四一年三月、ローズヴェルト大統領の下、「武器貸与法」を成立させ、参戦に舵を切ります。この年の年頭教書でローズヴェルト大統領は、「四つの基本的な人間の自由」を強調しました。

すなわち、世界のすべての場所における「言論と表現の自由」「神を崇拝する自由」「欠乏からの自由」「恐怖からの自由」です。さらに同年五月の演説でローズヴェルト大統領はドイツとの軍事対決に踏み出す決意を表明して、次のように述べます。「今や全世界は二つに分割された。人間の隷属と人間の自由とに。また、異教徒の野蛮とキリスト教的理想とに。われわれは、人間の理想を選択する。それこそが、キリスト教的理想である。われわれは一時たりとも、その勇気またはその信仰において揺らぐことはない」。ここに通底するのは、「キリスト教的理想に基づく自由主義・民主主義勢力」対「異教的野蛮である軍国主義勢力」という文明闘争史観です。これに基づいて米国は早い段階から戦後計画の策定作業を始めていました。

一九四二年八月には国務省内に極東班が設置され、そこには極東・太平洋の国際関係論の権威であったジョージ・H・ブレイクスリー（George H. Blakeslee）、コロンビア大学の日本史の助教授であったヒュー・ボートン（Hugh Borton）、前米国駐日大使のジョセフ・C・グルー（Joseph C. Grew）の秘書であったロバート・フィアリー（Robert R. Fearey）等の「知日派」と呼ばれる専門家が集います。これに対して、後に国務省極東局長となるジョン・C・ヴィンセント（John Carter Vincent）を中心として、戦後の東アジアの中心は中国に置き、日本に対しては厳しい態度で臨むべきとする中国派がおり、両者の間で日本戦後の統治をめぐって相克が演じられますが、中国では国民党と共産党の対立が続き政治的安定に欠くこと等から、やがて「知日派」の構想が優勢になっていきます。やがて国務省内に「戦後計画委員会」（Committee on Post-War Programs = PWC）が設置され、日本の戦後政策もそこで構想されていきます。ここでは、戦後の宗教政策に関わる「信教の自由」と「天皇制」の二点についての戦後計画委員会の構想を紹介します。

「信教の自由」についてはＰＷＣ作成の「日本――信教の自由」（"Japan: Freedom of Worship", PWC-115, CAC-117）という文書にまとめられます。そこではまず連合国は宗教的信仰の自由の原理を尊重するとした上で、神道の取扱が検討されます。神道を、本来無害で原始的なアニミズム信仰の上に、狂信的な愛国主義と侵略主義を増長させるために軍国主義者によって利用された「国家神道」が接ぎ木されていると見、両者を区別する必要性が説かれます。

神社は、①古代に起源を持ち地域の守護神を祭る大部分の神社、②天照大神を祭る伊勢神宮のような神社で、やはり古代に起源を持つが国家主義の象徴的存在となっているもの、③靖国神社や明治、乃木、東郷神社のような、近年建立された国家的英雄を祭る神社、という三つの大きな範疇に分類されました。このうち問題視されたのは第三の神社であり、それらは宗教的崇拝の場所ではなく、軍国主義的精神を鼓舞する国家主義的神社とみなされました。戦前日本政府は「国家神道は宗教ではない」としていたことから、「信教の自由」を侵すことなく、これらの神社を閉鎖することも可能とも記されていますが、結果的に勧告はより慎重なものとなりました。その目指すところは以下の事項にまとめられます。①占領後、宗教的礼拝の自由は速やかに宣言されるべきである。②上記に挙げられた三つの範疇の神社はいずれも、破壊活動に利用されたり、閉鎖されるべき事由が見られない限り、また公的な秩序と安全に反しない限り、個人の礼拝のために存続が許される。③ただし国家主義的な神社では、デモや大勢の人が集まる儀式や集会は禁止すべきである。官国幣社の職員は、必要な人員以外は解雇し、国庫から給与を受け取らないようにすべきである。④占領軍がどの神社にも損害を与えないよう注意するべきである。⑤仏教寺院に関しては、いかなる措置も必要ない。⑥キリスト教会は、組織と礼拝の完全な自由を回復することにより解放されるべきである。

「天皇制」については、「日本――政治的諸問題・天皇制」("Japan: Political Problem: Institution of the Emperor," PWC-116d, CAC-93e）という文書にまとめられます。この文書では、問題を「天皇制と軍政との関係」としていますが、天皇制の存廃をめぐってはＰＷＣ内で委員会を二分する激しい議論が交わされます。その結果、この文書では天皇制の存廃について統一的見解は示されていません。その上で天皇の権能について①天皇にその権能の行使をあらためて委任することをしない、②天皇の権能のすべてをあらためて委任する、③天皇の権能の一部だけをあらためて委任する、という三通りのあり方を想定した上で、勧告では、制限付きで一部の権能の行使を天皇に認めることを提言しています。

(2) 神道指令

「はじめに」で紹介した「ポツダム宣言」「降伏後における米国の初期の対日方針」には「信教の自由」についての記述はありましたが、「国家と宗教の分離」すなわち「政教分離の原則」については何も記されていませんでした。このことが明確に打ち出されたのが、一九四五年一二月一五日に発令された「国家神道、神社神道に対する政府の保証、支援、保全、監督並びに弘布の廃止に関する覚書」（SCAPIN448, 12.15, 1945）、いわゆる「神道指令」でした。

冒頭、この指令は、①国家指定の宗教の強制から日本国民を解放し、②その経済的負担を取り除き、③神道の教理と信仰を歪曲して日本国民を侵略戦争に誘導した「軍国主義並びに過激なる国家主義的宣伝」を防止し、④平和・民主主義の理想に基礎を置く新日本建設を実現する日本国民を援助するためのものである、とうたいます。その目的は宗教を国家から分離することであり、また宗教を政治的目的のために誤用することを防いで、あらゆる宗教、信仰、信条を同じ法的根拠の上に立たせることとされています。他方で、いずれの宗教、信仰、宗派、信条、哲学も政府と特別の関係を持つことを禁じ、「軍国主義的乃至過激なる国家主義的イデオロギーの宣伝、弘布」を禁じると述べています。

この方針に基づいて、公的機関や公教育に人的・財的に接合していた神道的要素の停止・排除、公文書における「大東亜戦争」「八紘一宇」等の軍国主義的・国家神道的用語の使用禁止が命じられます。「軍国主義的乃至過激なる国家主義的イデオロギー」とは、天皇や日本国民の家系、血統、また日本の諸島（国土）が特殊な起源を持つがゆえに他国に優るとする主義の下、日本の支配を他国民や他民族に及ぼそうとの日本人の使命を擁護・正当化する教え、信仰、理論と定義されます。他方、国家から分離し、軍国主義・国家主義的要素を剝奪された神道は、個人の自発的な援助のもとで、かつ信奉者が望む場合に、一宗教として他の宗教同様の保護を認められます。こうして、国家神道の廃止、一般的には「国教」の廃止が果たされました。

(3) 天皇の「人間宣言」

こうして制度面での国家と宗教（神道）の分離は果たされましたが、GHQが目指したイデオロギーとしての軍国主義・国家主義は、大日本帝国憲法において「万世一系」（第一条）、「神聖不可侵」（第三条）とされた天皇の存在と深く結びついていました。しかし戦後改革の中で天皇制を温存させるためには、天皇に付随する軍国主義・国家主義的イデオロギーを払拭する必要がありました。これに応える形でなされたのが、一九四六年一月一日に発布された昭和天皇の「新日本建設に関する詔書」でした。そこには天皇の「人間宣言」と呼ばれる文言が含まれていました。そこで語られたのは、天皇と国民との繋がりは、相互の「信頼と敬愛」によって結ばれるものであり、天皇を「現御神《あきつみかみ》」とし、日本国民を他の民族に優越する民族とし、世界を支配する運命を持つとする「架空なる観念」に基づくものではないということでした。この「宣言」は国内ではあまり注目されませんでしたが、国外では天皇の神格化の否定として歓迎され、天皇の戦争責任訴追や退位論への歯止めとなったと言われています。

しかし、「国教」としての国家神道が廃止される一方で天皇制が温存されることによって、戦後の日本の国家としての基軸をどこに置くのかをめぐって困難な問題を抱えることになったとも言えます。GHQが、戦後日本の国家基軸は軍国主義・国家主義に対抗する平和・自由・民主主義にあるべきとする一方で、温存された天皇制には、「人間宣言」がなされたとはいえ、なお軍国主義・国家主義が深く刻印されており、それを払拭することが求められました。その一つの帰結が「象徴天皇制」でした。けれどもその一方で、平和・自由・民主主義にもこれと同等の「象徴」が置かれるべきと考えたのがマッカーサーではなかったかと思うのです。

第二節　マッカーサーによるキリスト教宣教支援

(1) マッカーサーの「政治神学」

一九四六年一二月一三日付でマッカーサーは、米国南部バプテスト教会の議長ルイス・D・ニュートンに宛てた手紙の中でこんなことを語っています。「この間の出来事が日本人の生活の精神面に残した真空状態のために、今、極東の人々にキリスト教信仰を広めるため、キリスト教はじまって以来未曾有の好機が到来しています」。

ここにある「真空状態」という言葉を、マッカーサーは占領下の日本の精神状況を語る際に多用しています。マッカーサーは日本の占領統治を単なる政治的課題として見るだけでなく、敗戦によって生じた「信仰の崩壊」「精神の真空状態」を新たな価値観で満たすことが自らの使命であると考えていました。真空状態を満たすのは、軍国主義・国家主義に対抗する自由・民主主義でした。

他方でそれは「根本的に神学的」問題であり、「精神的核」を持たなければならないとも考えていました。それはキリスト教原理と、それを築き上げてきたアメリカ人の経験に他ならないというのがマッカーサーの確信でした。

後年、マッカーサー自身によって著述された『マッカーサー回想記』には、占領政策について述べた章の中に、「戦犯裁判」や「憲法改正」「婦人の地位向上」「経済と労働」といった項目と並んで「精神革命」という項目があります。そこでマッカーサーは、日本人は何世紀もの間、「太平洋水域の隣人たち」とは異なり、常に戦争の技術と武士階級の制度を研究・崇拝してきたと述べます。そこに突然、全面的な敗北というショックが襲い、後には「完全な道義的、精神的、肉体的真空状態」が残った。ここでマッカーサーは、自分はクリスチャンとして育ち、キリスト教の教えを心から信じているが、東洋の宗教にも多くの点で共感を寄せていると語っています。そこで占領の当初から信仰の自由を保証し、神道は国家と神社が分離されている限り布教を続けてもよいことになった。しかし他方で、このようにも語っています。日本を訪れる宣教師たちには「いかに宣教師の活動が日本に必要であるかを強調した。日本に来る宣教師ができるだけふえ、日本にいる占領軍はできるだけ減ることがのぞましい、と私はよくいったものである」。

そして占領期にブルックリン・タブレットという米国の新聞に送った自らの手紙を引いています。

キリスト教のゆるぎない教義に占領政策のあらゆる面を適合させ、また占領軍の全員が常にそれを実践するという生きた範例を示していることにより、必然的にキリスト教についての初歩的な理解が生まれてくると思う。

米国の家庭に発する高遠な影響が、こうして日本人の心の中へしみ込んでいっている。この影響は急速に実を結んでおり、多くの人が正式にキリスト教に帰依しているほか、国民の

正誤表

一二七頁　後ろから五〜六行目

誤「二〇二四年六月に沖縄県内で米軍による性暴力事件が再び繰り返され、事件そのものが外務省から隠匿されていたことがわかりました。」

正「二〇二四年六月に沖縄県内で米軍による性暴力事件が再び繰り返され、二〇二三**年**一二**月と**二〇二**四年五月に起きた性暴力事件は、**事件そのものが**沖縄県に対して**外務省から隠匿されていたことがわかりました。」

謹んでお詫びし、訂正いたします。

大きい部分がキリスト教の根底をなす原則と理想を理解し、実践し、敬愛しようとしている。[2] マッカーサーにとって、日本の占領政策はキリスト教の理念及びその宣教なしには遂行し得ないものであり、両者は不可分の関係にあったのです。

⑵　宣教師の来日

米国の教会ではすでに太平洋戦争の初期から、戦後の日本での宣教計画について検討が進められていました。一九四一年五月には米国・カナダのキリスト教指導者たちによって「東アジア委員会」（the Committee on East Asia＝ＣＥＡ）が組織され、真珠湾攻撃の数週間後の四二年一月一二日にはＣＥＡの下に「戦後計画委員会」（the Postwar Planning Committee）が組織されます。

戦後計画委員会は戦争が終結するとすぐさま、四五年九月に当時米国務省極東局長であったジョセフ・バランタイン（Joseph Ballantine）と連絡を取り、日本への宣教復帰計画の趣意書を提出します。そこには一九四一年に日本基督教聯盟によって派遣された平和使節団のことが挙げられ、戦争によって中断したこの交流の再開を宣教復帰の目的の一つとして掲げたのです。また、一九四五年八月末（もしくは九月初頭？）に短波放送で流された元日本基督教聯盟総主事都田恒太郎による、復興のために米国の宣教師代表の来日を歓迎するメッセージも取り上げられていました。さらには「はじめに」で触れた九月二日の降伏調印式後のマッカーサーのラジオ演説も引用されていました。

米国教会協議会は日本に派遣する以下の四人の代表を挙げました。ダグラス・ホートン（Douglas

Horton, 世界教会協議会米国委員長)、ジェイムズ・C・ベイカー (James C. Baker, 国際宣教協議会会長)、ウォルター・W・ヴァンカーク (Walter W. Van Kirk, 米国教会協議会国際正義と親善部幹事)、ルーマン・J・シェイファー (Luman J. Shafer, 外国宣教会議日本委員長)。このうち、ベイカーとシェイファーは、元日本派遣宣教師でした。ホートンはトルーマン大統領に手紙を書き送り、トルーマンから教会代表団の派遣を評価する返事を受け取ります。そこにも降伏調印式後のマッカーサー演説の引用があり、「あなたがたの代表団は、日本が直面するこの根本的問題を解決するための大いなる助けとなるにちがいない」と述べられていました。

米国教会協議会は、当時国務次官となっていたジョセフ・グルーを通じて代表団の訪日へのマッカーサーの許可を取り付けると共に、訪日を支持するトルーマン大統領の書簡を入手しました。こうして代表団は一九四五年一〇月から一一月にかけて訪日を果たすことになります。訪日は陸軍の輸送手段により、滞在場所も陸軍から提供されます。一九四五年一二月にマッカーサーが宣教師の来日を許可するまで、日本入国はすべて政府の提供によるものとされていました。

彼らは訪日の最初、一〇月二五日にマッカーサーと会見します。そこでマッカーサーは、戦争と敗戦による日本の価値喪失について述べ、それがキリスト教にとってかつてない機会であることを示唆します。そして彼らにいちはやくキリスト教の宣教に着手することを呼びかけ、来日する宣教師を歓迎することを約束しました。そして日本の「真空状態」を埋める要請をしました。「この真空状態をキリスト教によって満たさないならば、共産主義がそれを満たすことになるだろう。わたしのところに千人の宣教師を送ってほしい」と。このほか代表団は、幣原喜重郎総理や前田多門文部大臣等日本政府の高官や昭和天皇などと会見し、昭和天皇にはトルーマン大統領からの親書を手交しています。

代表団は帰国後すぐさまこの訪日の報告書を出します。"The Return to Japan"(『日本への帰還』)と題された報告書には、訪日の面談や会見の詳細や、戦後の日本の教会や学校、キリスト教団体の状況、また女性や若者をめぐる状況がつぶさに報告され、巻末には支援の提案が附されています。そこでは、聖書や賛美歌の不足が訴えられ、聖書については、日本語訳新約聖書一〇〇万部、英語新約聖書一〇万部が、代表団が「日本を離れる前に、占領軍の施設を通じて輸送する手段が整えられた」とあります。他方で宣教師の派遣については、日本の教会は目下、根本的な組織再編の直中にあるため、宣教全般に関わる代表団の派遣は一九四六年の春まで延期すべきである。また、食料や住居の不足に鑑み、宣教師の派遣は最初、八人ないし十人程度に制限し、うち一人は救援プログラムの開発に専従し、もう一人は日本の教会指導者と直に協働する者を当てるべきである、といったように控えめな姿勢を保っています。

代表団のこうした慎重な姿勢とは裏腹に、マッカーサーは宣教師の来日を奨励しました。代表団が帰国してから一ヶ月後の一二月一五日、戦前イエズス会士として日本に赴任し、戦後は駐日ローマ教皇庁代表・バチカン公使代理を務めていたブルーノ・ビッテル(Bruno Bitter)神父が、現在カリフォルニアにいる四人のイエズス会士の来日は可能かと尋ねると、マッカーサーは「四〇〇人は来させるべきだ」と答えたと言います。また、米国メリノール宣教会のパトリック・J・バーン(Patrick J. Byrne)神父に対して、儀式のある神道を失った日本に必要なのは、儀式のないプロテスタントではなく、豊かな典礼行事や聖餐式を持つカトリックだと述べたと言います。

代表団が去った後、マッカーサーは米国の統合参謀本部に向けて、キリスト教の影響を大いに拡大するのが自分の方針であり、速やかに宣教師たちが来日できるよう規制を緩和するようにと繰返し要請しています。これを受けて占領当局は宣教師たちの来日に関する規制を緩和していきました。以前日本で宣教師として奉仕した経験のある者は、教会が適切な住居と食事を提供するという保証を申請書に記入するだけで再来日することができました。他方で日本での居住施設は戦災によって極端に不足していたため、実際には来日した宣教師たちは米軍が接収し、兵舎として利用していた建物に滞在しました。

来日する宣教師の数は年毎に増え、一九四五年八月から四七年末までに四九八人、一九四八年の一年間では七〇七人、一九四九年には八〇四人、一九五〇年には一一七一人となり、一九五〇年末までに三一八〇人の宣教師が入国手続きを行なっています(3)。

占領当局から宣教師たちが受けることのできた支援には、以下のものが挙げられています。「到着した港から日本の目的地までに輸送、手荷物・家財道具・自動車・食料品の輸送、米国市民と宣教師代表者のための陸軍郵便特典の利用、陸軍・空軍の医療サービスと施設利用、個人的な問題のための宗教・文化財課〔引用者注：Religions and Cultural Resources Division. GHQ内で宗教を取り扱う部局である民間情報教育局 Civil Information and Education Section ＝ＣＩＥ内の部門〕のスタッフの利用、輸送施設の利用、宣教師到着時陸軍宿舎への一時的宿泊、軍の劇場の使用、宣教師の子どもの軍の学校の利用(4)」。

聖書やキリスト教文書の頒布にも、マッカーサーは積極的に支援の手を差し伸べます。ポケット聖書連盟が聖書一〇〇万部の頒布を予定していた時、マッカーサーはそれを一千万部に増やすよう要請する推薦状を書き、そのための支援を日本政府に要請しました。他方で、一九四六年一〇月、仏教徒の米国人ルース・ササキが、日本の仏教徒と共に仏教文学の英語翻訳のために宣教師としての来日を申請した時には、宗教課は、宣教政策の下に彼女を受け入れることは「本来意図していない目的にまでこの政策を拡大することになる」と指摘して、宣教師として入国を拒否しました。このように占領当局を通じた支援は、諸宗教の中でキリスト教のみが享受し得るものでした。

これらは「降伏後における米国の初期対日基本方針」(SWNCC150)に示された「信教の自由」や「神道指令」に示された「教会と国家の分離」に抵触するものでした。しかし、マッカーサーも米国政府も制限を意に介しませんでした。

第三節 キリスト教支援に対する反応

戦前、組合教会宣教師として日本での宣教に従事し、戦後、GHQの民間情報教育局(CIE)の宗教課に勤務したウィリアム・P・ウッダード(William P. Woodard)は、マッカーサーのキリスト教支援に対する他宗教からのこんな反応を記しています。

仏教と神道の指導者は、とまどっていた。彼らは、将軍がもっていたとされる、仏教徒その他の宗教者の基本的人権はキリスト教の原則が支配するところでこそ最も確かに保障され、キリスト教化された日本においては非キリスト教徒は過去に彼らが享受した以上の安全を得るだろうという押しつけがましいというか愚直な見かたに同感することは無かった。彼らは、しだいに信教の自由と政教分離にかんする占領軍の誠意を疑うようになってしまったのである。(5)

マッカーサーのあからさまなキリスト教支持の言動が、他宗教の従事者に疑義を引き起こしていました。GHQ内部でもそうしたキリスト教支援に対する疑義は沸き起こっていました。CIE宗教課長を務めたウィリアム・ケネス・バンス（William Kenneth Bunce）は、一九四六年五月、米軍の従軍牧師を対象に行われた講演で、次のように述べました。「日本人に特定の宗教を普及させることは、占領の目的ではない」「占領軍のメンバーが日本人に何らかの宗教を布教することは日本政府に認められていない特権を行使することであり、人口の一パーセントの半分より少ないキリスト教徒というマイノリティ宗教を選び取って支援するということとなる」「したがって、占領軍に所属する要員は、いかなる種類の特定の宗教であろうとも、日本国民の中で積極的に宣伝したり、広めたりすることを避けるべきである(6)」。

バンスは一九四七年一〇月、ダイクに代わってＣＩＥの局長となったドナルド・ニュージェント（Donald Nugent）にメモを提出します。そこでバンスは、マッカーサーによって進められた日本の民主化にはキリスト教が不可欠であるとの命題に疑義を呈し、もしそのように考えるとするなら「民主化のチャンスは最小限にとどまる」と警告しました。バンスは、宗教課が新たな政策ガイドラインを用意し、日本の宗教団体を安心させるため、米国政府がポツダム宣言に盛り込んだ、信教の自由についての当初の言明を改めて表明するマッカーサーからのプレスリリースを発表すべきだと提言しました。しかしニュージェントはこれをマッカーサーに進言することを拒みました。

一九四九年七月には、日本仏教連合会が諸宗教団体の平等な取り扱いに関するGHQの方針を明らかにする声明を出すよう正式に申し入れました。これを受けてバンスは、以下のような声明を仏教連合会に向けて送るように提言しました。「すべての宗教団体の平等な取り扱いに関する占領政策は神道指令に明らかにされている。宗教の自由をうち立て、保護し、それによってすべての宗教団体の平等な取り扱いを与えることは占領軍の一貫した政策である」。しかしニュージェントはこの提言が正当であると認めつつも、マッカーサーを納得させることはできないと判断し、取り次ぐことを拒否しました。

第四節 「逆コース」とキリスト教支援の退潮

マッカーサーの日本へのキリスト教宣教の熱意は一九四九年を頂点として退潮していくことになります。一九四七年に日本初のキリスト者首相として片山哲が選ばれた際には、マッカーサーは片山を中国の蔣介石、フィリピンのマニュエル・ロハスと並べて東アジアの三つの国がキリスト者の政治家によって指導されることになったと熱烈な賛辞を送りました。しかし、一九四九年に保守的立場の第三次吉田茂内閣が成立すると、マッカーサーは次のような声明を発します。「自由な世界の民衆たちは、いずこにおいても、今回の熱心なまた秩序ある日本の選挙に満足することができる。今回の選挙は、アジアの歴史上の一危機において、政治の保守的な考え方に対し、明確な、しかも決定的な委任を与えたものである(7)」。

この間に米国では、ソ連に対する対決姿勢を明らかにし、共産主義と対峙する国々への経済援助を打ち出すトルーマン・ドクトリンを一九四七年三月に宣言し、同年五月には国務省に経済企画室が設置され、対ソ封じ込め政策を提唱するジョージ・ケナンが室長に就任し、冷戦の火蓋が切られていました。対日占領政策もこれに合わせて、民主化政策から冷戦に対応するいわゆる「逆コース」への政策転換が図られていきます。第三次吉田内閣はそうした政策転換の受け皿となったのです。

他方で一九四七年の二・一ゼネストはマッカーサーの中止命令によって挫折に終わりましたが、片山・芦田内閣の下での経済の低迷の中、労働運動や大衆運動が勢いづいていくことになります。一九四八年には全日本学生自治会総連合（全学連）が結成されます。GHQの中で宗教課が置かれていた民間情報教育局（CIE）は文字通り教育政策を扱う部局でもありました。こうした情勢のなか、CIEは教育分野における「共産主義の脅威」への対応を迫られることになります。CIEは部局内の宗教課にも協力を要請しました。その結果宗教政策も、マッカーサーの当初の意向に沿った「日本人の精神の真空状態をキリスト教宣教によって満たす」ことから、教育や学生の組織化によって時間をかけて「キリスト教精神」を浸透させることへと重点を移していくことになります。その際の「キリスト教精神」とは「反共主義」と密接につながっていました。一九四八年に国際基督教大学の建設計画委員会が日本と北米双方に組織されると、マッカーサー自らその米国での募金キャンペーンの名誉会長となり、大学キャンパス候補地の土地取得等にも便宜を図りました。

ＧＨＱの宗教政策においてキリスト教宣教は当初から、「日本人の精神の真空状態を満たす」という目的と共に、米国に敵対する勢力に対する防波堤となる任務を負わされていました。それは、先に紹介した、一九四五年秋に米国の四人のキリスト教代表団が訪日した際にマッカーサーが語った「この真空状態をキリスト教によって満たさないならば、共産主義がそれを満たすことになるだろう」という言葉にも現れています。一九四八年から四九年にかけて、ＧＨＱのキリスト教に関する政策に関して、直接的なキリスト教宣教から教育を通じた理念の浸透へ、政策の転換があったと言えます。

一九四九年一一月一八日付のＣＩＥ宗教課長バンスのメモには、こんなマッカーサーの言葉が記されています。

マッカーサー将軍は、日本人の大多数はプライドが邪魔になってキリスト教に改心できないだろうから、少なくとも近々の中に日本がキリスト教国になることはなかろうとの見解を述べた。将軍は、小官に、仏教徒や神道の信奉者が、同将軍がつねづねキリスト教に由来すると言っている道徳的行為と正しい生活の基本原則が受け入れられているかどうかと尋ねた。将軍の感覚は、もしこの基本原則を受け入れているならば、日本に仏教や神道を存続させておいても良いというものであった。さらに将軍は、キリスト教徒にできる最大の貢献は、その他の諸宗教の指導者を覚醒させてもっと積極的進歩的な役割りを果すようにさせることであると言った（8）。

こうして一九四九年を境に、占領下の宗教政策の転換と共に、マッカーサーのあからさまなキリスト教支持の言動は見られなくなります。そしてその後を追うように「キリスト教ブーム」と呼ばれるキリスト教会の活況も、一九五〇年をピークに退潮していったのです。

第五節　日本のキリスト教会の対応

一九四五年秋に訪日した米国のキリスト教代表団は帰国後、戦後の日本の窮状への支援に当たる小委員会の設置を提案します。これに応えて六人の委員からなることから通称「六人委員会」と呼ばれる委員会が発足します。メンバーは、ジョージ・E・バット（Gorge E. Bott）、ヘンリー・G・ボーヴェンカーク（Henry G. Bovenkirk）、アリス・E・ケイリー（Alice E. Cary）、ジョン・H・カブ（John H. Cobb）、カール・D・クリーテ（Carl D. Kriete）、ポール・S・メイヤー（Paul S.

Mayer）。このうちバットはカナダ合同教会の宣教師で、アジア救済教会委員会（Church Committee for Relief in Asia＝ＣＣＲＡ）のメンバーとして「ララ物資」（Licensed Agencies for Relief in Asia＝ＬＡＲＡ）の配給に携わっていました。

一行は一九四六年六月に来日し、日本基督教団事務所を訪ね、日本の教会の状況を聴取した上で、北米教会からの援助協力を申し入れます。一九四七年四月には、北米の八つの教会、会衆派基督教会、ディサイプルズ教会、福音改革派教会、福音同胞教会、メソジスト教会、米国長老派教会、アメリカ改革派教会、カナダ合同教会が共同して、日本基督教団への援助協力実施のための窓口「キリスト教事業連合委員会」（Interboard Committee on Christian Work in Japan＝ＩＢＣ）を組織します。これに呼応して日本側では、日本基督教団、日本基督教教育同盟、ＩＢＣの代表者各八名からなる「内外協力会」が設置されます。

北米教会から「六人委員会」を通じて罹災教会復興のために送られた資金は、三四〇万四〇九五ドルとの記録があり、同じ目的のために日本側で調達された資金一一四万三〇五一ドルのおよそ三倍にのぼります。

こうした北米からの潤沢な支援金の下に、日本基督教団は一九五〇年代を通じて「新日本建設キリスト運動」（一九四六～四九年）、「五カ年伝道」（一九五〇～五四年）、「ラクーア伝道」（一九五四～五九年）、「宣教百年記念伝道」（一九五五～五九年）等の大規模伝道を重ねていきました。しかし、これらの伝道によって一九五〇年前後のピーク時の活況が取り戻されることはありませんでした。

エピローグ　「徹底的な考え方の基礎の上に」

「日本国民を欺き、世界征服に乗り出すよう誤導した者たちの権威と影響力は永久に排除されなければならない。なぜなら、無責任な軍国主義が世界から駆逐されない限り、平和、安全、正義の新しい秩序は不可能であると我々は主張するからである」（「ポツダム宣言」第六項〔英文原典より私訳〕）。

これにもとづいて占領軍の最初の課題は「無責任な軍国主義」を日本から駆逐することでした。これにしたがって占領軍の宗教政策は、神道の国家からの分離すなわち「国家神道」の解体を行い、「信教の自由」と「政教分離の原則」をうち立てることを任務としました。しかしその政策の最高責任者は、これらの変革は単に制度的な改革のみによって実現するのではなく、精神的革命を伴うものでなければならないと考えました。この理念のもと、占領下の宗教政策においては、「精神革命」を喚起するものとしてキリスト教に優先的地位が与えられていきました。しかしそのようにして優先的地位を与えられたキリスト教は、果たして「精神革命」を引き起こし得るものだったのでしょうか。

それは、「精神」という言葉とは裏腹に、その与えられた優先的地位によってむしろ圧倒的な「物量」として立ち現れることになりました。頒布される聖書の物量、援助金や援助品の物量、そして来日する多数の宣教師という「物量」。これらの「物量」は、敗戦によって荒廃した日本への救援として有意味なものではありました。しかしそれが「精神革命」を呼び起こすことはありませんでした。なぜでしょうか。

これら「物量」としてのキリスト教優先政策の根底には、あのローズヴェルト大統領が開戦前に述べた「異教徒的野蛮」対「キリスト教的理想」という植民地主義的理念が横たわっていたとは言えないでしょうか。マッカーサーはこうした理念をローズヴェルトと共有していました。しかしこうした植民地主義的理念は、あのGHQがそれを排除することを占領の目的とした戦前日本の軍国主義・超国家主義にも通底するものでした。本来の「精神革命」は、この戦争の根底に横たわる植民地主義的理念を問い返す仕方でなされるべきものでした。しかし、そこで志向された精神の変革には戦争の犠牲者へのまなざしは決定的に欠如しており、日本による植民地支配の犠牲者は完全に考慮の外に置かれていました。それらは意図的に宗教政策からは排除されていたと言えます。こうして、本来問い返されるべき同じ理念の下になされた占領下の宗教政策が、「精神革命」を引き起こし得るはずもないことは明らかです。

日本のキリスト教、キリスト者は、こうした占領当局の政策の根底を見通せる立場にはありませんでしたし、実際のところその余裕すら無かったでしょう。多くのキリスト者はこの「物量」としての「変革」の波濤の中で、ある者はその波に乗ってそれを享受し、ある者は「精神革命」という呼び声と実態とのギャップに失望し、ある者は「物量」の波間にどうにか「精神」を見いだそうと苦闘した。それが「キリスト教ブーム」と呼び習わされてきた敗戦後・占領下の日本のキリスト教の実相と言えるのかもしれません。
終わりに、この時期に一人の伝道者が綴った言葉を引きたいと思います。

その後の教会の様子をお知らせしますと、新約聖書ギリシャ語研究の初級、高等級が開始され、堅実に進んでおります。初級は神学校生徒で復員した松園宏兄が受け持ち、聖日礼拝後、高等級は木曜祈禱会後行われています。これは聖書を原語で読むためであることはもちろんですが、さらに日本の教会の真実の建設を考えると、聖書そのものをかく読み思想するところから出発せねばならぬ、そうでないと、今の時代風潮からしても従来の有様を省みても「植民地的」な状態に低迷する危険があると考えるからであります。（一九四五年一二月一六日「本郷中央教会教会だより」[9]）

今までの教会便りにも書きましたように、この度の戦争では多くの伝道者、信徒が戦死し、また戦災死致しました。私は今まで何故こんなに多くのキリスト者、今後にその働きが真に必要とされているキリスト者が死んだのかと繰り返して考えさせられました。だが以下に掲げる宮之原牧師の死についての知らせを読んだ時、これについてはっきりした思想を与えられました。
今や教会は新しい歩みに入りました。否、祖国の福音化、これに対して初めての積極的歩みが始まったのだとも言えます。

だが日本のこのプロテスタント教会、その出発の基礎、それは何でありましょうか、愛する祖国が戦争で敗けた、そのため信仰の自由が与えられたという風なことではあり得ません。またアメリカ人が教会の尻押しをしてくれるということでもあり得ません。或いはまた戦争中必勝祈願のみしていた教団本部の、今度は突如として平和主義をとるといったようなこの世的な教団の新方針にもよりません。教会は主の体なる教会であります。主の体なる、限りなく聖き教会、その教会がこの国に今初めて力強く設定せられるについては、それにふさわしい出発、基礎となるべきものがなければなりません。

……わが国は精神、物質の一切を挙げて戦争をしました。多くの血が流され、絶大の苦しみが支払われました。そして、しかも徹底的に敗れたのであります。それ故に、この戦争後のあらゆる文化的、思想的団体の再出発は、ただに戦争前の自由主義的時代にあったような、いわゆる昔日の俤《おもかげ》を取り返すことにあるのではないのであって、この戦争、この苦痛を通して一段と深められた理解、否、このようなことがなければそこまでは気づかなかったかも知れない、そのような徹底的な考え方の基礎の上に、戦争前にはなかったような一段高い一層徹底した歩みが確認せらるべきなのであります。こうしてこそ、本当に深い意味において、戦争で流された血、失われた生命、経験された苦痛、それが最後の一つまで無益でなく、かえって積極的な意味を与えられることになりましょう。（一九四六年一月二七日「本郷中央教会教会だより」）(10)

いずれも、後に「第二次大戦下における日本基督教団の責任についての告白」を表明する鈴木正久牧師の敗戦直後の言葉です。これらの言葉は、ここに述べてきた敗戦後占領下の日本のキリスト教が置かれた情況を背景に読むときに初めて、その真意が浮かび上がってくるように思えます。そこには、あの占領下の「物量」としての「変革」の根底を見通し得ないがゆえに、それに翻弄されながら、しかしなおその波濤の底から戦後の日本のキリスト教がそこから真に立ち上がるべき立脚点を見いだそうとする苦闘が刻まれています。これらの言葉の行間に、あり得た「もう一つの戦後キリスト教」の相貌が垣間見える気がします。それから八〇年を経ようとする今日にあるわたしたちが、植民地主義的理念を克服して、真の立脚点の上にあるべき「戦後」日本のキリスト教を築き得ているか、問われているように思います。

注

（1）原文は、下記 Naval History and Heritage Command（米国海軍歴史センター）サイト、"General MacArthur's V-J Day Radio Broadcast" より。https://www.history.navy.mil/research/archives/digital-exhibits-highlights/vj-day/surrender/macarthur-radio.html 二〇二四年五月二七日アクセス。

（2）ダグラス・マッカーサー『マッカーサー回想記』下、津田一夫訳、朝日新聞社、一九六四年、一七五～一七六頁。

（3）ウィリアム・P・ウッダード『天皇と神道――GHQの宗教政策』阿部美哉訳、サイマル出版会、一九七二年、二五九頁。

（4）Moore, D. Ray, 2011, p.64.

（5）ウッダード、前掲書、二八六頁。

（6）マーク・マリンズ「占領下における宗教――神道とキリスト教に対するSCAP政策の衝撃」『占領改革と宗教――連合国の対アジア政策と複数の戦後世界』専修大学出版局、二〇二二年、一〇四～一〇五頁。

（7）吉田裕編『戦後改革と逆コース』吉川弘文館、二〇〇四年、六七頁。

（8）阿部美哉「キリスト教 うたえども変らず」思想の科学研究会編『共同研究 日本占領軍 その光と影』下巻、徳間書店、一九七八年、七〇頁。

（9）『鈴木正久著作集』第一巻、新教出版社、一九八〇年、二三八頁。

（10）同、二四九頁、二五五頁。

主な参考文献

井門富二夫編『占領と日本宗教』未來社、一九九三年。

岡﨑匡史『日本占領と宗教改革』学術出版会、二〇一二年。

ウッダード、ウィリアム・P著、阿部美哉訳『天皇と神道――GHQの宗教政策』サイマル出版会、一九八八年。

思想の科学研究会編『共同研究 日本占領』徳間書店、一九七二年。

思想の科学研究会編『共同研究 日本占領軍 その光と影』上巻・下巻、徳間書店、一九七八年。

鈴木正久著作集刊行委員会編『鈴木正久著作集』第一巻、新教出版社、一九八〇年。

袖井林二郎『マッカーサーの二千日』中央公論社、一九七四年。

中野毅・平良直・粟津賢太・井上大介編『占領改革と宗教――連合国の対アジア政策と複数の戦後世界』専修大学出版局、二〇二二年。

マッカーサー、ダグラス著、津島一夫訳『マッカーサー回想記』上・下、朝日新聞社、一九六四年。

ムーア、レイ編『天皇がバイブルを読んだ日』講談社、一九八二年。

山際晃・中村政則編、岡田良之助訳『資料　日本占領一　天皇制』大月書店、一九九〇年。

吉田裕編『戦後改革と逆コース』吉川弘文館、二〇〇四年。

Horton, Douglas, "The Return to Japan: report of the Christian deputation to Japan, October-November 1945", New York, Friendship Press, 1946?

Moore, D. Ray, "Soldier of God: MacArthur's Attempt to Christianize Japan", Portland, ME: MerwinAsia, 2011.

第二章　戦後「キリスト教ブーム」に関する一試論

――その実態に関する一考察

落合　建仁

はじめに[1]

日本のキリスト教史において、後に「戦後のキリスト教ブーム期（一般的には一九四五～五一年）[2]」と呼ばれることとなる時期がありました。この時期がどのようなものであったかについて、たとえば土肥昭夫（一九二八―二〇〇八年）は、日本のプロテスタント・キリスト教の通史を記した著書『日本プロテスタント・キリスト教史』（新教出版社、一九八〇年）において、次のように述べています（四三四頁）。

敗戦後五、六年はキリスト教ブームの時期であった。アメリカ占領軍はキリスト教の諸活動を直接、間接に応援し、日本の支配層もアメリカの意を迎えるためにも、キリスト教に好意的であった。民衆は敗戦による虚脱感と解放感がゆきかうなかで、時代の流れを察知し、ある程度未知の新鮮さを持つキリスト教に関心を持ち、教会を訪れた。

筆者はこの度《「戦後社会制度とキリスト教〈1945−60年〉」研究会》において、この「キリスト教ブーム」について検討する機会が与えられました。そこで筆者はすでに、「ブーム」という用語にある種の奇妙さを感じたところを出発点として、拙論「戦後「キリスト教ブーム」とは何か――序論としての、用語の成立背景」[3]において、「キリスト教ブーム」という用語が、キリスト教界が戦争責任への視座を持ち始めた時（一九五五年頃）に生じたものであったことを明らかにしたことがあります。[4]

ただ、そこでは「キリスト教ブーム」の言説史的検討を行うことができた程度であり、「キリスト教ブーム」の実態を探るに足るものではありませんでした。その際、先行研究についても言及をいたしましたが、[5]そもそも「キリスト教ブーム」に焦点を絞った研究は、今日の段階でもなお必ずしも十分になされてきたとは言えず、特に――占領政策におけるキリスト教という視点からの検討ではなく――、キリスト教界内における「キリスト教ブーム」期の実態解明という視点からについては、なおも検討すべき点や議論の余地は多くあるものと思われます。

そこで、本稿では「キリスト教ブーム」をめぐるキリスト教界内の実態部分について、統計資料を端緒として、「決心者」という存在、そして「求められたブーム」という側面からその一端を、幾つかの文献資料を紹介しながら〈一試論〉として述べていくことができたらと思います。

第一節　統計資料から見た「キリスト教ブーム」

まず、「ブーム」と呼ばれるからには、統計上の数字に顕著な特徴が見られるはずであることが容易に想像されるため、ここでは、幾つかの統計資料を概観するところから始めてみたいと思います。

『宗教年鑑』　一つ目に見てみたい統計資料は、文化庁文化部宗務課が公表している今日の『宗教年鑑』にあたる諸刊行物に収められてきた統計です。次頁の上表は、文部省編『宗教年鑑　昭和36年版』（大蔵省印刷局、一九六二年七月）所収の「第3部　資料・統計」をもとに、幾つかの数字を補って、筆者が作成してみたものです。[6]

仮に「キリスト教ブーム」の時期を一九五一年までとするならば、確かに統計からは、たとえば信徒数は一九四七年度の三二万二六九二人から一九五一年度の四一万五〇八一人へと、五年間で九万人以上増加していることが分かります。

『日本基督教団年鑑』　二つ目に見てみたい統計資料は、『日本基督教団年鑑』に記された統計です。日本基督教団（以下、教団）とは、一九四一年に日本におけるプロテスタントの諸教派が合同して成立した、日本最大のプロテスタント教会です。よって、先ほどの『宗教年鑑』の統計がカトリッ

キリスト教系　宗教団体

年度＼項目	宗教法人（教会）	非宗教法人（教会）	教　師	信　徒
1947	2,336	442	2,410	322,692
1948	——	——	——	——
1949	1,574	1,505	5,558	370,819
1950	2,634	897	7,088	428,701
1951	2,762	1,057	8,334	415,081
1952	2,367	1,523	9,535	419,764
1953	2,144	2,171	9,549	485,399
1954	2,147	2,683	13,771	603,536
1955	1,985	2,893	13,066	605,016

日本基督教団教勢推移（1947—1951年度）

年度	教会数	教師数	信徒総数	現住陪餐	朝拝出席	祈禱会	受洗者	CS出席
1947	1,305	1,123	115,365	106,677	36,829	10,732	11,386	73,688
1948	1,325	1,197	129,222	121,824	46,536	14,473	10,822	100,715
1949	1,403	1,225	121,604	114,790	49,684	14,945	13,288	121,538
1950	1,481	1,256	125,947	90,230	51,918	14,607	15,765	126,990
1951	1,461	1,242	124,835	88,052	55,255	15,381	11,985	140,069

ク・プロテスタント等を含んだ日本のキリスト教全体の動向を表わしているのに対して、こちらは、その中でもプロテスタントの主な動向を表わしているものと言えましょう。

上記の下表は、戒能信生が作成した「日本基督教団教勢推移（1947―1951年度）[7]」を、筆者が、『日本基督教団史資料集　第五巻　日本基督教団の財政・統計・年表・索引（1941―1968年）』に収められた「日本基督教団・各教区教勢一覧（1941―1968年）」を参照して、数字を改めながら作成したものです。

最近の教団の教勢（二〇二三年三月一日現在[8]）が「教会・伝道所

数」一六五四人、「現任教師数」一八八七人、「現住陪餐」七万九〇五人、「日曜朝拝」三万七九三〇人、「受洗者／大人」六五九人、「教会学校／出席平均数」七七七〇人であることと比べると、当時毎年一万人以上の受洗者があったことはやはり特筆に値することと思います。

ただ、毎年一万人以上の受洗者数がいたにも関わらず、信徒総数は横ばいで推移し、現住陪餐に至っては微減しています。一九五〇年度の現住陪餐の大きな落ち込みは、『宗教要覧』の解説の中でも「教会離脱による」と指摘されていたように[9]、この時期の教団からの諸教派教会離脱の影響があります。その影響を加味した上で、それではなぜ信徒総数の推移は横ばいであるかですが、これは、受洗に至ったものの早い段階で教会生活から離れた教会員（たとえば「別帳会員」等）が大変多くいたであろうことが考えられます[10]。

ブーム後の増加　以上、『宗教年鑑』や『日本基督教団年鑑』から、確かに「キリスト教ブーム」期に、現在とは比較にならないほどの受洗者があり、（教団に限って言えば信徒総数の横ばいや現住陪餐の微減はあるものの）キリスト教全体の信徒数は増えていたことが分かります。

けれども、次頁のグラフを見てみてください。これは、新宗連調査室編『戦後宗教回想録』（PL出版、一九六三年）という「終戦からサンフランシスコ平和条約発効（一九五二年四月二八日）までの、いわゆる占領時代における宗教界の記録」（三五二頁）の中に掲載された、「カトリック／プロテスタント／両教信徒状況」というグラフです（一八三頁）。

今回こうして取り上げてみたのは、視覚的に分かりやすいからなのですが、それゆえここで、はたと立ち止まって気づかされる点があります。それは、確かに、一九五一（昭和二六）年までの

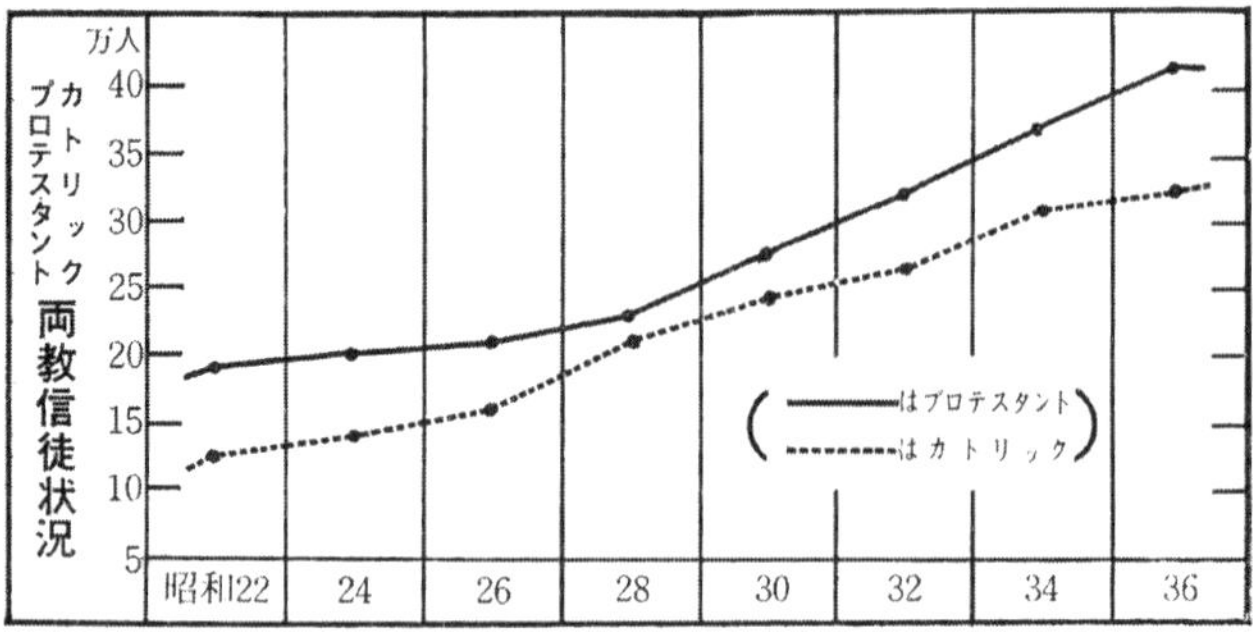

「キリスト教ブーム」期に信徒の数は増加しているけれども、むしろ、それ以降の方がより一層増加しているようだ、ということです。事実、先ほど見ました『宗教年鑑』の統計（四六頁の上表）も、「キリスト教ブーム」期の一九四七年度から一九五一年度までが九万人増加であったのに対し、たとえば一九五一年度から一九五五年度までの場合、同じ長さの期間でありながらより多い一九万人近くも増加していることが分かります。

つまり、「キリスト教ブーム」を、もしも数字の側面から論じるならば、信徒数の増減からだけで適切に説明することは、意外なことに困難を伴いうるものであることが分かります。それでは、「キリスト教ブーム」の実態をより適切に表わしている数字はあるのでしょうか。そこで、次節で見ていきたいのが「決心者」についてです。

第二節　「受洗者数」よりも「決心者数」？

決心の呼びかけ　日本におけるキリスト教界全体の信徒数は「キ

リスト教ブーム」期以降の方が増加していたにも関わらず、一九五一年までの状況をブームと捉えた背景には、先に結論めいたものを一つ申し上げるならば、その当時求められていたものが「受洗者数」よりも「決心者数」にあったことがあげられるかと思われます。

たとえば、現在、日本で唯一のキリスト教総合年鑑である『基督教年鑑』（一九四八年創刊）の、一九四八年版に収められた「便覧統計篇」の中に、「キリスト運動と神の国運動」というページがあります。「神の国運動」とは一九三〇年から五年間にわたって行われた全国的伝道で、一方の「キリスト運動」とは「新日本建設キリスト運動」を指し、これは教団が一九四六年から一九四九年に「全日本へキリストを」を標語とし、三〇〇万救霊を目指して起こした組織的伝道です。双方とも賀川豊彦（一八八八－一九六〇年）の活躍と絡めてよく知られているものですが、後者の「新日本建設キリスト運動」がちょうどキリスト教ブーム期にあたり、その

『基督教年鑑』1960年版の巻頭特集として「宣教百年特集」が組まれ、その特集の一つを構成する「教界の百年（写真）」の中に、「キリスト教ブーム」というページがある（81頁）。これは、「キリスト教ブーム」を写真によって説明しようと試みたものとしては、ほとんど唯一のものと思われる。

影響力は大きかったようです(11)。

『基督教年鑑』一九四八年版に収められた「キリスト運動と神の国運動」というページには、二つの運動の「日数」「回数」「聴衆数」「決心者」(「受洗者数」はないことに注意)を記した表を載せた上で、こう述べています。

今回の〔新日本建設〕キリスト運動は〔…〕昭和二十一年〔一九四六年〕春発意され、同年七月三ヶ年計画を以て口火を切つたが、前記神の国運動を比較すると、初年度において決心者数三・五倍、第二年度には同六倍の増という驚異的な成績を示している。

そこには、神の国運動の時に比べて「決心者数」が大いに増加したことが述べられています。その表記の仕方からは、当時(少なくとも現代に比べて)、「受洗者数」よりも「決心者数」の方に注目がなされていた雰囲気がよくうかがわれるのであり、キリスト教ブーム期における何らかの際立った数的特徴があるとするならば、その一つとしてこの「決心者数」があげられると思われます。ただ、この決心者という存在とその数について、それらをどう捉え、受け止めることができるかという点については難しい側面があります。

たとえば、「新日本建設キリスト運動」は実質——元来は総合的かつ大規模な伝道計画だったのですが——賀川豊彦の全国巡回伝道であったわけですが、そこでの「決心者」とはどのようなものであったかというと、賀川は次のように決心を呼び掛けていたとの証言が、賀川と行動を共にした黒田四郎（一八九六―一九八九年）によって残されています。

「キリストの精神に立ち返り、人を愛する心によって立派な平和日本をつくり、世界平和の実現に立ち上がろうという〔賀川〕先生の熱弁に感動した。新しい日本を建設するこの運動に参加して働こうという決心をした人は、決心者カードに住所氏名を記入して委員に渡して下さい」とアピールすると、あらかじめ入口で渡しておいたカードに記入して委員に渡し、委員が壇上の先生の所へ持って行く。先生はそれを両手に一杯しっかり握っておられる。／その間私は壇上から満堂の会衆に讃美歌合唱を指揮し続けるので、会場の気分は最高に高揚される。すると先生は静かに壇上に跪いて、決心した人びとのために心からの祈りを捧げられるのである。その一瞬は実に厳粛な光景である。あらゆる困難にとり囲まれている賀川先生が一番うれしそうな姿になられる一瞬であった。(12)

ここでいう、呼びかけられている決心とは、戒能信生が既にこの証言を引用して指摘していたように、罪の赦しの福音に対する応答としての悔い改めと回心といったものではなく、「新日本建設のために共に立ち上がろうという呼びかけ」であり、それはまた同運動における賀川の使信の核心がそこにあったことも分かります。(13)確かにこの呼びかけ内容であったならば、仮に多くの決心者が起こされ、(14)次の段階として最寄りの教会の礼拝に出席したとしても、そこで聞く礼拝説教の内容は、多くの場合、当初期待していたものとは違ったものを感じるはずで、そこから継続的な教会礼拝への出席、さらに受洗へと導かれるのはなかなか容易なことではなかったでありましょう。

決心者の実態　このような決心者を募るという仕方について、少し時代は下りますが、ＪＣＣ伝道部編『伝道の理論と実際』（いのちのことば社、一九五九年）は、次のように問題点を指摘しています（一八九頁）。

日本で、特別集会でいちばん盛んに用いられている方法は、決心カード記名の方法である。これはアメリカのマス・エヴァンゼリズムで用いられる方法である。カードに住所氏名を残しておいて、後から文書伝道を行ない、集会に招くというような意図が多く含まれていると思われるが、これは手軽ではあるものの、決心カードという名のもとに取り扱うには、いささか疑問がある。多くの場合、このカード記名者が決心者（The decision）として報告されるわけであるが、カード記名が必ずしも決心の表明ではない。中には無責任な記名もある。〔中略〕有名な某先輩の講演会で、一回の講演会で幾百枚かの記名カードが集まっても、住所不明でもどってくるはがきが一割くらいはあり、後のフォローアップ・ミーティングには、そのまた一割くらいしか集まらず、続いて教会に出席するものは、その一パーセント、結局、二、三百人の記名はあっても、一人か二人くらいしか残らない〔以下、略〕

なお、この指摘の中に「中には無責任な記名もある」とありますが、決心者なるものの内実として、疑わしいものも中にはあったことが分かる、次のようなケースもよく知られています。これは、いわゆる真珠湾攻撃（一九四一年一二月八日未明〔日本時間〕）における空襲部隊の総指揮官で、戦後キリスト者となり、アメリカへの伝道活動に従事することになる淵田美津雄（一九〇二―七六年）[15]が経験したものです。

その頃〔一九四六年〕マッカーサー元帥から招かれて〔アメリカから〕来日したポケット聖書連盟は、まことに変な伝道ぶりを展開していた。ある日、淵田氏は、彼らが名古屋の巡査教習所で催した伝道ぶりを参観した。開演前、所長が会場に集まつた五百人ほどの生徒に訓辞していた。／「今日は聖書連盟という方たちが、有難いお話を聞かせてくれるそうだ。お話が終ると、わかつた者は手を上げろというから、わからんでもいいから必ず全員手を上げてくれ。前の講演の時、一人も挙手しなかつたので、あとでＧ・Ｈ・Ｑから叱られた例がある。なるべく先生方を刺激せんよう、きげんを損ねんよう努めてくれ。これも日本のためなんだ」／伝道講演ははじまつた。予想通り最後に、「キリストを信ずる人は挙手しなさい」といえば、聴衆はいつせいに手を上げた。牧師たちは、お互に肩を抱き合つて、信仰復興が起つたとよろこび、大満悦で引揚げていつた。／この強制された伝道の姿を見て、彼は限りない反感と淋しさを抱いた。[16]

この記事の内容は読む者に強い印象を与えるからでしょうか、その後、諸家によって随所で引用されています。[17]キリスト教ブーム期におけるポケット聖書連盟による伝道の仕方が目立ったものとなってしまっていたであろうことは、ＧＨＱの宗教政策に携わっていたウィリアム・ウッダード（一八九六―一九七三年）[18]が、その経験を『天皇と神道――ＧＨＱの宗教政策』（阿部美哉訳、サイマル出版会、一九八八年）という書物に残していますが、そこに「わずかながら、宣教の熱意がいき過ぎて良識的な判断に欠け、日本政府および占領軍当局の担当官を困らせつづけた宣教師がいた」とし、そこにポケット聖書連盟の一部の人々も含まれていたと述べていることからもうかがわれます（二五八頁）。

決心と洗礼　いずれにしましても、容易に想像できることではありますが、決心者とされる者の中にはこのような、あえていえば見かけだけの場合も往々にして含まれうることが改めて分かります。それゆえ、武藤富男（一九〇四―九八年）[19]などは早い段階で、伝道において決心にこだわることの弊害、そして洗礼こそがやはり重要ではないかという指摘を、募金を目的に一九五五年一月からアメリカに渡り各地で行なった講演の中で、次のように語っています（以下の引用は、武藤によってアメリカで語られたものが、英語雑誌『タイム』一九五五年二月七日号に記者の取材という形で掲載され、それをさらに武藤が日本語訳したもの。なお、下線は引用者による）。

彼〔武藤〕は変り者であってこんなことを言う――『日本における土着のキリスト教伝道者らは、日本人であって聖書帯にいる者が稀少であるように、稀少である。大多数の日本の牧師たちは神学と哲学と副業によって生計を得ることに集中している』。伝道者ムトウはまたこうしたことが分かったと言う。――『日本人の喜びへの執心は、決心カード署名数の多いことにあり、そのため回心の数が少ない結果となった』。〔……〕『占領中はアブノーマルなキリスト教ブーム〔Christianity boom〕があった。日本人には適応性があり、アメリカ人にへつらおうとした。そこで多くの者がクリスチャンになる振りをした。彼らは結婚式を教会で催そうとした。しかし真のテストは洗礼である。それを受ける者は少ない。というのは、洗礼を受けることは祖先と文化的に訣別することであり、時に相続権と訣別することだからである』。／占領が終わった時、クリスチャンの数は再び減少した。[20]

現代でも、一見信仰の事柄に熱心に見えても、それは実態において違ったようだということは、しばしば見られうることでありましょう。

決心者が起こされたものの洗礼に至らなかった理由については、その他にも、すでにこれまでご紹介してきた文献の中にも幾つか触れられていましたが、加えて、その当時から『基督教年鑑』一九四八年版には、「終戦後の日本教界――日本民主化と基督教への期待」（一六五―一七九頁）という文章の中に、「インフレと苦闘する牧師」という項目があり、「教会よりの謝礼のみを以てしては生計を支え切れない牧師達は〔…〕副業に従事するの已むなきに至り」（一六八頁）といった、生活難の実情も指摘されています。

それらをふまえた上で、前出の『戦後宗教回想録』は、「キリスト教ブーム」期を総括するように、客観的立場から、そして簡潔明瞭に次のように述べるのです（一五一頁）。

バタ臭さと生活難　このようにキリスト教の急速な進出が頓挫した原因は、種々あげられているけれども、端的に言えば、その最たるものは教師の伝道能力の貧困と生活難とであった。／特に伝道力の貧困は致命的だった。たとえば賀川豊彦氏の巡回講演や、昭和二十五年〔一九五〇年〕以来数次にわたって来日したラクーア音楽伝道団の巡演などによって、多くの人たちがキリスト教に興味をもち、教会に出入するようになったが、またすぐに教会を去って行った。その土地の教会には、その人々に信仰を深く植えつけるだけの能力がそなわっていなかったのである。

理由・原因はいろいろあげられるかもしれない、しかし「伝道力の貧困」にこそ理由があったのだとの指摘は、たいへん手厳しいものがあると言えましょう。

なお、上記のこと以外にも、外国から来た宣教師らの日本文化への理解不足といったこともあげられています。たとえば、戦後の東久邇内閣で文部大臣を務めたキリスト者の前田多門（一八八四—一九六二年）から依頼されて、神社界・GHQ・日本政府との仲介役を果たした宗教学者の岸本英夫（一九〇三—六四年）は、宣教師や牧師などのキリスト教信者には、日本文化を軽んじる傾向があったと指摘したと伝えられてもいます。(21) キリスト教ブームが展開し、そして失速・終息した理由というのは、実に様々な側面から検証可能であり、またすべきことがあると思います。

その上で、筆者としましては、最後にもう一つ触れておくべき側面があるように思われます。それは、キリスト教ブームは意図的に——自発的にではなく——作られたものだった、という点についてです。

第三節　求められたブーム

「木俣敏終戦日記」と呼ばれるものがあります。これは、当時教団伝道局主事であった木俣敏牧師（一九〇二－八六年）の一九四五年八月一四日から翌一九四六年五月八日までの日記の抜粋として知られています。[22] いわゆる戦後直後の時期における教団の様子、[23] 特に執行部内部の事情を知ることができる大変興味深い資料の一つとなっています。

たとえば、戦中の教団指導者たちは戦後も教団執行部を構成し続けたことが知られているわけですが、その責任が追及され、当人もそのことを自覚していたことがうかがわれる場面も描写されていたりします。以下は、一九四五年九月二一日に開催された教団特別常議員会の模様です。

処が突然小崎道雄氏より爆弾動議が提出され、現教団幹部は困循姑息で戦時中と雖も全く無能無為であった。宣教責任をとるべきであるといふ小崎氏としては少々激しい意見が開陳され、会場はピリピリと緊張する。果して統理が責任を感じて辞職すると言ひ出し、局長連も之に応じ、教区長達の一二も引責論を述べる者もあって幹部総辞職かと見えたが、議員中より留任的意見が現れるや之れ又実にあっさりと辞意を撤回してしまった。

他にも、一二月五日の常議員会の開催冒頭で「教団中央当局の戦争責任論」が飛び出したり、一九四六年一月二一日に後の「福音同志会」メンバーが「教団当局者は直ちに辞職すべし」といった趣旨の話し合いをしていたことも記録されています。

そのように慌ただしい諸々の様子をうかがい知ることができるわけですが、この「木俣敏終戦日記」の一九四五年八月一六日には「午後二時頃教団へ松山常次郎[24]代議士来たり、ポツダム宣言受諾に至る宮中並に政府の措置経過を話して呉れる」とあり、教団執行部はキリスト者の議員を介して日頃から国政の内情によく通じていたであろうことがうかがわれます。さらに、八月一七日には次のようなことが記されています。

午後二時から教務会を開く。米国の旧宣教師と気あげした司政官などが二千名もやって来る故、日本基督教団では此等に対して何とか善処して貰ひ度いとの情報局よりの依頼が賀川氏を通してあった。此の事は我々も既に想像して居ったので、私個人の私案として富田〔満〕統理の手許まで善処策を進言して置いた。〔中略〕教務会に於てこの案は賛成を見、大詔を奉じて新日本復活に乗出すべき事を併せ勧奨する為全国教会に人を派し詳細に中央の事情を語って事の徹底を期して一人にしても乱る者なからん事を計るべしと決議さる。

これはつまり、賀川豊彦もまた各方面とのつながりを有しており、ここでは早くも〔八月一五日から二日後の）八月一七日には――GHQの占領政策からではなく――内閣直属の情報機関から、賀川を通して日本のキリスト教会に向けて戦後日本のための協力を求められていたということが分かります。日本基督教団史編纂委員会編『日本基督教団史』（日本基督教団出版部、一九六七年）を実質的に執筆した山谷省吾（一八八九―一九八二年）は、その中で「教団は戦時中、あれだけ国策に協力してきたのだから、敗戦と同時に静かに自己検討をなした上で、終戦後与えられた新しい使命に対して強い自覚と決意とを持ち、そこから再出発すべきであった」（一七七頁）と記したことがありましたが、少なくとも、敗戦という現実に動揺・困惑したり、まして戦時中のことを静かに省察し、また自省を促されるような空気が流れていたのではなかったであろうことがうかがわれます。

その賀川豊彦ですが、八月二八日に東久邇稔彦（一八八七―一九九〇年）から内閣参与となる依頼を受け、これを承諾します。次の日、日記の八月二九日にはこれを受けた対応の話し合いの内容が記されています。

午後三時頃賀川氏教団に来られ、首相の宮を正式に伝道して、此れについて教団が如何に活動すべきかに就いて相談協議する。賀川氏、統理、鈴木〔浩二〕局長、村田〔四郎〕局長、勝部〔武雄〕局長、それに私。／第一日本に基督教の伝道を盛にして道義の低下を救ふ道如何。〔中略〕（ロ）往年の「神の国伝道」のごとき大伝道運動を起しては如何？　この（ロ）案は私の提出意見、之れに対して村田、勝部氏より、この時局に基督教が便乗し殊に宮様の袖の陰にかくれて大騒ぎをする事はどうであらうとの反対意見が出る。それに対して私の発言。「首相の宮の御要求は全国民の道義の低下を深慮せられてゐるのであるから早急に国民一般に呼びかける必要あり。但し、時局便乗の恐れある事は事実であり、且つ基督者が急に大運動を起せば、「それ見た事か、基督者は敗戦を待ってゐたのだ」と云ふあらぬ誤解を受くる恐れもある。よって此の大運動はあくまで基督者も国民も過去の偏屈さ、尊大さ、無智さ、道義の低さ、無信仰を懺悔する「国民総懺悔運動」たらしめねばならない。そうすれば浮いた調子もなく、厳粛な大運動が起され、国民の改新も起はれ道義の向上を期し得る。此の私の意見には賀川氏先づ賛意を表し、宮様も内閣閣員の懺悔といふ事を言って居られたとて「国民総懺悔運動」に賛成する。統理もその気持ちで進めば基督者にも非基督者にも内にも外にもよいであろうと賛成、村田、勝部両氏もそれは教義的にも懺悔から出発するのであり、得意顔でするのでなく懺悔を以てするのだから大いに賛成であると全員一致賛成。／第二、日米親善への方策、如何？〔以下、略〕

そこには、その後展開される新日本建設キリスト運動の発端を見ることができます。また、これからの教団による「大伝道運動」は「国民総懺悔運動」でなければならないとの趣旨は、東久邇による内閣記者団との会見（八月二八日）によって特に有名となった「一億総懺悔」という言葉——指導者層の責任を曖昧にするとして後に批判もなされる——が背景にあるのは確かでありましょう。[25]それらの方向性は、アメリカの教会からの使節団の来訪（一〇月二五日）、そして教団首脳部との協議懇談会（一一月六―七日）が開かれ、「宣教師問題」や「キリスト教主義教育」、「国際関係問題」等について話し合われるよりも前のことでありました。

ちなみに、東久邇稔彦が賀川豊彦を内閣参与に任命した理由とは、「キリスト教も救世軍もこれからはどんどん活動して戴いて賀川豊彦先生あたりから日本の公正な輿論をアメリカに通じて戴きたい」（『読売報知』一九四五年八月二八日）との意見を持っていた石原莞爾（一八八九―一九四九年）より、「賀川豊彦のような人を内閣参与にしたらよい」（『東久邇日記』）との勧めがあったからのようなのですが、その石原はというと、かつて一九二〇年に中国で賀川の講演を聞いたことがあり、「賀川氏ノ人ヲ動カス力」に感銘を受けていたと言われます(26)。一見、全くキリスト教界外でなされた動きに見えても、遡っていくと賀川にたどり着く部分もあったとは、興味深くもあります。

おわりに

以上、本稿では「キリスト教ブーム」をめぐるキリスト教界内の実態部分を探るべく、幾つかの側面から見てまいりました。

確かに現代と比べれば、受洗者数は多く生まれ、信徒数も十分に増えてはいましたが、信徒数に限って言えばブーム終了後の方が増えているのであり、ブームとされる理由の実態としては、決心者の数の方こそが顕著に多かったことが指摘できることの一つかと思われます。

また、多くの決心者が生じたというそのブームも、その背景として連合国軍最高司令官総司令部

（GHQ）の占領政策やマッカーサーの言動等があったことは確かですが（この点については、「占領政策におけるキリスト教の処遇」という視点で記された本書第一章の大久保正禎「〈精神〉と〈物量〉――戦後占領期の宗教政策をめぐって」を参照されたい）、それとは異なるところ――本稿で指摘した点に限れば、内閣情報局からもたらされた戦後方策等――から促された側面も大いにあったことが言えましょう。ただ両者ともに共通していることは、その出発点はどちらかというと〝外〟から求められたものであり、〝内〟から表われ出た、内発的なものとはなかなか言えないものであった、ということでありました。

そのような「キリスト教ブーム」ではあったかもしれませんが、しかし本稿の最後に、求められたブームであったにもかかわらず、そのことと関係なく、一九四五年八月一五日を明確に意識して教会の礼拝に集い始めた人々がいたこと、そして、キリスト教ブームの中で決心を与えられた人々の中でさらに確かな信仰をも与えられて最後まで教会生活を送った方もあったことを、ご紹介しておきたいと思います。

まず、一九四五年八月一五日を明確に意識して教会の礼拝に集い始めた人々がいたことについては、ある教会員の方が戦時下の教会・キリスト者について記した証言の中の、次のような場面から知ることができます。

次の聖日〔一九四五年八月一九日〕、礼拝に一人の青年が出席した。じっとうつむいて説教を聞く姿に注目していたが、礼拝後話を聞くと「敗戦で心のよりどころが何もなくなってしまった」と暗い顔をして答えた。そして牧師にいろいろとキリスト教について質問していた。私は配給の砂糖を少しばかりの小豆で作ったぜんざいを出して彼をもてなし、つづけて礼拝に来るようにとはげました。／その次の聖日には二人、次は又独り、と教会の門を叩く青年達が段々と増えて来た。たづねるとみんな教会の近くの京都大学の学生達である。学徒出陣で出征していた学生や、郷里に帰っていた学生達が次々と復学して来て、大学も段々と正常化して来たのである。／彼らは真剣に熱心に説教を聞いた。そして礼拝後もそのまゝ教会に残り牧師を囲んで、信仰について聖書について熱心にいろいろと質問し私が苦労して作った柿の皮の粉入りクッキーや、焼きいもをよろこんで食べながら話し合い、いつまで経っても誰も教会を去る者がなかった。(27)

そして、次に、キリスト教ブームの中で決心を与えられた人の中でさらに確かな信仰をも与えられて最後まで教会生活を送った方（二〇二四年二月逝去）の証しです。日本基督教団四街道教会の教会報『道』第二号（一九八六年四月）に掲載されていたものを、《「戦後社会制度とキリスト教〈1945－60年〉」研究会》のメンバーで、四街道教会を牧会（当時）しておられた寒河江健牧師から紹介していただいたものです。

終戦後の虚脱感を持たない人は誰もなかった昭和二十年（一九四五年）、私も挺身隊から開放されて、何か心に満たされたい、求めたいの一心で、大河原教会の門をくぐりました。／私は毎週、礼拝を守り、聖書研究会その他求道会にも熱心に出席いたしました。〔中略〕昭和二十一年（一九四六年）の伝道集会が十月十一日に決まり、今は亡き賀川豊彦先生が見えることになりました。／午前中は教会で礼拝、午後には一般に向けての伝道集会でした。当日の礼拝説教は大へん感銘を受けました。／礼拝後、洗礼式が行われ、賀川先生の「神のみ弟子となる決心をされた方は前にどうぞ」の声に何人か前に出たようでした。私も何の迷いもなく、前に出ていました。〔教会付属幼稚園の〕同僚の先生も一緒でみんなで十二人洗礼を受けました。その時のみことばは、ロマ書六章一～四節(28)でした。／昭和二十一年十月十一日は私が洗礼によって、新しく生まれ変った日で、遠い昔のことのようですが、あの時の感激は今でも忘れられません。／受洗後、幼稚園、教会学校はもちろん、伝道集会、修養会、奉仕活動など大へん有意義な教会生活を送ることができました。／神さまの尊いお導きと御恵みを感謝しております。

このような神の御業の働かれたとの証しを見ます時、戦後「キリスト教ブーム」期は決して、十把一絡げで単純化して語られうるものではないことを思わされます。一人一人がどのように「キリスト教ブーム」期の伝道を受け止め、教会へ連なったのか、またそうしなかったのか――なお一層個別に、深く検討・分析していく必要があるのだと思います。あわせて、「キリスト教ブーム」期に、伝道の主体となった人々も、日本人伝道者のみならず、海外からの伝道者（たとえば宣教師や従軍牧師等）もいたのであり、またその派遣団体の種類や人数も多いため(29)、それらの全容を少しでも把握していくこともまた、「キリスト教ブーム」の実態解明のために必要な引き続き残された今後の課題であると思います。

注

（1）凡　例

一、史資料の引用箇所における「／」は改行箇所を、「…」は省略を、〔　〕は引用者による補足を表す。

二、本文中、敬称は現存の方々も含め、原則、省略した。

三、引用文中、現代では差別用語や不快用語にあたると思われるものも、歴史的用語として使用せざるを得なかった箇所があることを断っておく。

（2）川又俊則「老年期の後継者――昭和一ケタ世代から団塊世代へ移りゆく宗教指導者と信者たち」、『現代宗教』二〇二四、国際宗教研究所、二〇一四年所収、一三四頁。

（3）『富坂キリスト教センター紀要』第一三号、二〇二三年所収、九一―一〇五頁。

（4）拙論「戦後「キリスト教ブーム」とは何か――序論としての、用語の成立背景」において、筆者は「キリスト教ブーム」という用語の初出について、『福音と世界』一九五五年八月号所収の「《座談会》戦後十年を顧みて」の中で「キリスト教のブームみたいなとき」という表現が見られる（四二頁）とした上で、「「キリスト教ブーム」という用語の初出が本当にこの時（『福音と世界』一九五五年八月号）であるかは、筆者はまだ、『福音と世界』〔…〕をはじめとした各史料を十分に網羅したわけではなく、今この時点において断定することはできない」と述べたことがあった。その後、「キリスト教ブーム」を「国立国会図書館デジタルコレクション」（https://dl.ndl.go.jp/）で検索にかけたところ、『福音と世界』一九五五年八月号が最も古い出版物として検索結果に表示された。ただしそれは（前述の座談会記事ではなく）「出版通信」（七二頁）という記事内で、「戦争直後から昭和二十四年頃までの、キリスト教ブーム時代には、キリスト教出版もハデな進出をみましたが、その後は他部門の出版と同様、その浮沈ははげしく〔以下略〕」という文章において用いられていたからであった。「国立国会図書館デジタルコレクション」の検索上からは、「キリスト教ブーム」という用語の初出が「出版通信」という記事内であったことは意外であったが、奇しくも「キリスト教のブームみたいなとき」という表現が見られた座談会記事が掲載された同じ一九五五年八月号であり、やはり「キリスト教ブーム」という用語（日本語）の初出の時期はこのあたりなのであろう。なお、英語（Christianity boom）の場合は、注20で後述するように、すでに一九五五年二月には見られる。

（5）拙論、前掲「戦後「キリスト教ブーム」とは何か」九四頁と後注の21及び23を参照。

（6）文部省宗務課編『宗教年報　昭和二五年版』（財団法人文教協会、一九五一年）所収の「第四部　統計及び資料」及び文部省編『宗教要覧』（光風出版、一九五二年）所収の「第四部　統計」。

（7）戒能信生「「信徒の平均在籍年数二・四年」の謎」、『福音と世界』二〇〇七年九月号所収、七頁。

（8）『日本基督教団年鑑』第七四巻、日本基督教団事務局、二〇二三年。

（9）文部省編『宗教要覧』光風出版、一九五二年、四七九頁。

（10）戒能信生、前掲「「信徒の平均在籍年数二・四年」の謎」、七頁。

（11）北森嘉蔵は座談会の中で、当時の肌感覚について次のように語っている。「私〔北森嘉蔵〕は、終戦後キリスト教が日本国民から異常に注目された時期があると思う。それは昭和二十年の終りから二十一年にかけてでありますが、これは二人の名前と結び付けられる。一人は賀川豊彦、もう一人は植村環でありますが、〔…〕これは内閣参謀みたいなものですから、非常に大きな役割を果たすように見えたわけです。実際果たされたかどうか、私は知りません。しかしともかく新聞に賀川豊彦という名前が大きく出て、賀川さんは当然キリスト教と結びつきますから、これは相当日本国民に印象づけられたと思うのです」（久山康編『現代日本のキリスト教』創文社、一九六一年、一五頁）。

(12) 黒田四郎『私の賀川豊彦研究』キリスト新聞社、一九八三年、二〇四頁。

(13) 戒能信生「敗戦直後の賀川豊彦――新日本建設キリスト運動を中心として」、賀川豊彦記念松沢資料館『日本キリスト教史における賀川豊彦――その思想と実践』新教出版社、二〇一一年所収、三七五頁。

(14) 岡崎匡史『日本占領と宗教改革』（学術出版会、二〇一二年）によると、「日本で、一九四六年六月から一年間行われた福音主義の集団礼拝には、総数で六一万一五三九人が出席し、七万六二九一人が改宗した。そのうちの、六〇パーセント以上の出席者と八五パーセントの改宗者は賀川豊彦によると言われている」とされる（二三六頁）。

(15) 淵田美津雄については、淵田美津雄著、中田整一編・解説『真珠湾攻撃総隊長の回想――淵田美津雄自叙伝』（講談社、二〇〇七年）や、T・マーティン・ベネット（平野耕一、ティモシー・ボイル訳）『手負いの虎』（Onstad Press、二〇二〇年）等を参照。

(16) 「真珠湾に殺到した男たち」、『文芸春秋』一九五六年一二月号所収、二五三頁。

(17) 筆者の知る限りでは、引用が見られる最も古いものは、安藤肇『深き淵より――キリスト教の戦争体験』（長崎キリスト者平和の会、一九五九年）一九〇頁ではないだろうか。

(18) アメリカのミシガン州カラマズー市に生まれ、カラマズー・カレッジを経てニューヨークのユニオン神学校を一九二一年に卒業。同年六月に会衆派教会で按手礼を受け、九月に来日。一九二三年から四一年まで、会衆派教会の宣教師として、北海道、大阪、東京、中国、朝鮮で伝道に従事した。第二次世界大戦中はアメリカに帰国し、米軍の将校学校で日本語の教師も務めた。一九四六年再び来日して、連合国軍最高司令官総司令部（ＧＨＱ）民間情報教育局宗教課の調査スタッフとして勤務、戦後の教会復興を援助した。一九五六年には、岸本英夫東京大学教授および大石秀典元新宗連事務局長とともに、国際宗教研究所を設立して所長となり、六六年までその職にあった。帰国後はクレアモント大学で日本の宗教を講じたが、一九七三年、南カリフォルニアのポモナ市で死去した（以上、主として阿部美哉「国家神道解体のプロセス――訳者まえがき」、ウィリアム・Ｐ・ウッダード『天皇と神道――ＧＨＱの宗教政策』サイマル出版会、一九八八年、三頁より）。

（19）官僚、キリスト教事業家、牧師。静岡県御殿場市に生まれる。東京帝国大学法学部卒業、法学博士。一九二九年東京地裁判事の時に受洗。一九三四年から満州国の司法部刑事科長、国務院総務庁弘報処長を歴任し、帰国後、一九四三年に日本政府情報局第一部長を務める。一九四六年に賀川豊彦の勧めで『キリスト新聞』を創刊。一九五九年教文館代表取締役社長。のち明治学院院長、東京神学大学理事長等を務めた。著書に『社説三十年』全三巻（一九七四―七六年）、『評伝　賀川豊彦』（一九八一年）、『私と満州国』（一九八七年）等がある（以上、渡部満「武藤富男」、鈴木範久監修、日本キリスト教歴史大事典編集委員会編『日本キリスト教歴史人名事典』教文館、二〇二〇年所収、七九〇頁より）。

（20）武藤富男『社説三十年――わが戦後史　第一部』キリスト新聞社、一九七五年、四五〇―五一頁。なお、「キリスト教ブーム」という日本語が和訳の形で出てきたため、念のため、当該タイム誌の記事の原本（Evangelism Is War. *Time* ,1955, 2-7, pp.40-41）を確認したところ、「Christianity boom」と記されていることが分かった。これはすなわち、一九五五年一―二月には少なくとも「キリスト教ブーム」なる用語が確立していたことを意味する。すると、注４で記したように、「キリスト教ブーム」という用語（日本語）の初出の時期は一九五五年八月頃かもしれないが、英語

(Christianity boom) の場合は、もっと早い時期に見られたということになる。

(21) 岡崎匡史、前掲書、三二四頁。

(22) 戒能信生解説「「木俣敏終戦日記」」、『賀川豊彦研究』第五七号、二〇一一年所収、四五―七三頁。同「宣教研究所の書庫から一五――「木俣敏終戦日記」」、『福音と世界』二〇〇六年九月号所収、一〇―一一頁も参照。

(23) 占領期の「教団の姿勢」がいかなるものであったかを、当時の「教団の書物」すなわち公に刊行された発行物から論じたものとしては、J・D・リード「日米文化接触の中の日本キリスト教団――一九四五年八月から一九五二年四月まで」(井門富士夫編『占領と日本宗教』未來社、一九九三年所収、二九一―三二九頁) がある。

(24) 政治家。一八八四年和歌山県伊都郡生まれ。東京帝国大学土木科卒。一九〇四年洛陽教会で西尾幸太郎から受洗。一九一一年以降、米国留学中の二年を除き終始霊南坂教会会員として小崎弘道、小崎道雄を助けた。朝鮮および宮城県で大規模な土地改良水田開発事業を行い、一九二〇年から終戦まで衆議院議員。その間、外務参与官、海軍政務次官などを歴任。教会関係では霊南坂教会執事、日本組合基督教会理事、日本基督教連盟評議員を務めた。同郷の日疋信亮と共に満蒙伝道会を設立(のちに東亜伝道会と改称)、理事長となったが、教会合同により日本基督教団東亜局に改組されると顧問として小崎道雄局長を助けた。またこれより先、山本忠興らと日本基督教団設立のため側面から働き、政府との折衝にも努力、教団成立後は常議員、財務委員として活躍。一九四一年四月阿部義宗、小崎道雄、賀川豊彦らと共に遣米平和使節団七名のうちに加わった。子ども二人は教会役員となり、妻於静《おしず》は婦人会会長。一九一九年には小崎弘道の要望により全財産を担保に入れて同教会隣接地を購入。また、平山照次の東京山手教会、吉田隆吉の聖徒教会設立にかかわる二度の分裂の際は、小崎道雄を擁立した(以上、飯清「松山常次郎」、『日本キリスト教歴史人名事典』

教文館、二〇二〇年、七五三－五四頁より）。

(25) 東久邇の「一億総懺悔」発言を含んだ会見は、たとえば「日本再建の指針――東久邇首相宮御指示」（『毎日新聞』一九四五年八月三〇日、一頁）の中で、次のように見られる。「この際私は軍官民、国民全体が徹底的に反省し懺悔しなければならぬと思ふ、一億総懺悔をすることがわが国再建の第一歩であり、国内団結の第一歩と信ずる」。なお、「一億総懺悔」という考え方は、降伏決定時からの政府の公式方針としてあったものであるという。内務省警保局が各地の治安当局者に発した基本方針には、一九四五年八月一一日の段階で、「今回ノ事態ヲ招来セル責任者ハ軍官民共ニ之ヲ担フベキモノ」と記されている。また、東久邇が内閣記者団と会見したその日、新聞紙上ではすでに石原莞爾陸軍中将によって（『読売報知』一九四五年八月二八日）、また前日には緒方竹虎情報局総裁によっても（『朝日新聞』一九四五年八月二七日）、いわゆる総懺悔論が展開されていたという（以上、伊東祐吏『戦後論――日本人に戦争をした「当事者意識」はあるのか』平凡社、二〇一〇年、一七四頁以下を参照）。

(26) このあたりの事情については、森島豊「戦後「平和国家」の成立と展開――賀川豊彦の働きをめぐって」（『キリスト教と文化』第三八号、二〇二二年所収、六九－八六頁）を参照。

(27) 今村和子（吉田教会会員）「三、激動の時代を顧みて」、『証言集　戦時下教会・キリスト者の歩み付日本基督教会の「朝鮮基督教会」（在内地朝鮮人教会）併合問題』日本基督教会靖国神社問題特別委員会、一九九一年所収、二七頁。

(28) 新約聖書「ローマの信徒への手紙」第六章一－四節の本文は以下の通り（『聖書　新共同訳』〔日本聖書協会、一九八七年〕に拠る）。「では、どういうことになるのか。恵みが増すようにと、罪の中にとどまるべきだろうか。決してそうではない。罪に対して死んだわたしたちが、どうして、なおも罪の中に生きることができるでしょう。それともあなたがたは知らないのですか。キリスト・

イエスに結ばれるために洗礼を受けたわたしたちが皆、またその死にあずかるために洗礼を受けたことを。わたしたちは洗礼によってキリストと共に葬られ、その死にあずかるものとなりました。それは、キリストが御父の栄光によって死者の中から復活させられたように、わたしたちも新しい命に生きるためなのです」。

(29)　戦後占領期の来日宣教師の人数等に関しては、たとえば、ウィリアム・P・ウッダード『天皇と神道——GHQの宗教政策』は、「占領中の宣教師の出入国にかんする正確な統計は、入手不可能である。〔…〕占領の開始以後一九五〇年一二月三一日までのあいだに日本への入国手続きを行った宣教師の数は、上の表のとおりであった」として、「日本への入国手続きを行った宣教師の数」という表を載せる（二五九頁）。その上で、ルーテル教会系の宣教師の数については、「戦後占領下のキリスト教をめぐる討論」（『テオロギア・ディアコニア』第二六号、日本ルーテル神学大学、一九九二年所収、二五一―五四頁）に言及が見られる。また、来日宣教師（団）には、教団やNCCに対して三様の態度があったことが、ジョン・M・ヤング（川崎豊訳）『宣教師が観た天皇制とキリスト教』（日本長老伝道会、二〇〇五年）の中で指摘されている（一七四―一七五頁）。なお、戦後来日宣教師の「素顔ないし実像」について調査したものとして、加納孝代「戦後来日アメリカ人宣教師たち——その予備的考察（ピルグリム・プレイスの文書から）」（『青山学院女子短期大学総合文化研究所年報』第八号、二〇〇〇年所収、一二九―四二頁）がある。

第三章　キリスト教と共産主義は水と油か
——赤岩栄による共産党入党決意表明への反応の考察

寒河江　健

はじめに

この論文は富坂キリスト教センターによる「戦後社会制度とキリスト教〈1945−60年〉」研究会における研究発表をもとにしたものです。研究成果については『紀要』（富坂キリスト教センター）第一三号ならびに第一四号に掲載しています。ここでは研究成果を踏まえつつ、現代の読者、特にキリスト教会やキリスト教に興味と関心のある一般信徒や神学生に向けて、この研究を通して浮かび上がってきた筆者からの問いを皆さんと分かち合うために執筆いたしました。その問いとは表題のとおり「キリスト教と共産主義は水と油か」、すなわち両者は決して相容れないものなのかということです。この問いを考えるためにこの論文は『紀要』に掲載した二つの論文をもとに、それらを上述の意図に合わせて大幅に編集、加筆して書き上げました。

この問いを考えるにあたり、この論文では戦後、日本基督教団の牧師であった赤岩栄による言動、特に一九四九年になされた共産党入党決意表明（以下、「決意表明」と表記）を中心にして赤岩の言動ならびにそれに対する⑴日本基督教団、⑵彼が牧師をしていた日本基督教団上原教会、⑶日本のキリスト者たちからの反応を考察します。日本のキリスト教界において赤岩の「決意表明」によって「キリスト教と共産主義は水と油か」という問いが顕在化したからです。

第一節　赤岩栄の生い立ち――東京神学社入学まで(1)

この節では赤岩栄の生い立ちを簡単に解説します。赤岩栄は一九〇三（明治三六）年四月六日に愛媛県喜多郡肱川町で生まれました。父の長吉は当地で尋常小学校の校長をしていましたが、妻の影響で一八九八（明治三一）年二月一一日に神戸日本基督教会の貴山幸次郎牧師から受洗し、一九〇八（明治四一）年に愛媛県群中（伊予）でキリスト教の伝道活動を始めます。翌年、父の長吉は本格的に伝道者になることを志して同志社大学神学部の聴講生になり、約一年にわたり神学の勉強を行い、一九一〇（明治四三）年には愛媛県西条で伝道に従事しました。当時のことを赤岩は「神を探ねて」で回顧しているので、少し引用したいと思います。

田舎牧師の生活ほど貧困なものはない。献身した人間がたった一人で、この貧困に堪えこつこつと伝道するのであれば、それはそれとして問題はないかもしれない。しかし、この犠牲を家族に転嫁し、しかも、その家族が信仰の困苦を喜びとするほど、聖化されていない場合その家族は信仰の喜びも感じ得ず、その上、この世的にも、めぐまれないのだ。信者たちは牧師の家庭の貧困やあのやりくりのむつかしさは、神様まかせにしておいて、牧師の家族の性格的欠点だけを、つつき出して問題にする。父が転々として瀬戸内海の周辺を転任して歩いたのは、こうした内幕によることであろう。父と母とが夜更けてこそこそと家庭の経済のことで話しあっているのを私はよく床の中で眠った風をしながら聞いていたものだ。時には二人が感情的になって烈しく言い争うこともあった。(「神を探ねて」『赤岩栄著作集三』教文館、一九七一年、一三～一四頁)

地方で伝道者として生きることの困難、特に家族に与える影響の大きさについて現代の私たちにとっても考えさせられる一文です。なお赤岩の父親の名前は『赤岩栄著作集一』に登場しますが、母親の名前は「年譜」と「神を探ねて」で探した限り記載がありませんでした。聖書の時代から変わらず、女性に名前が無いのは悲しいことです。

一九一四(大正三)年に家族は広島市へ移住し、父の長吉は一九二〇(大正九)年一〇月まで広島女学院附属小学校に勤務しました。一九一六(大正五)年に赤岩は広島県広陵中学に入学します。赤岩はこの時からトルストイを読み影響を受け、それが動機となって社会主義の思想に対して関心を持ち始め、堺利彦や大杉栄、山川均らの書物を読み社会主義的な思想に染まっていきました。またトルストイを通してドストエフスキーを知るようになり、ドストエフスキーから深い影響を受けたと語っています。その後一九一九（大正八）年に赤岩は広陵中学から退学処分を受けますが、この頃には赤岩は社会主義に対する理解が深まっていたと述べ、「それとともに、今までの空想的社会主義の無力が徐々にではありましたが分ってきました。社会を良くしよう、社会の欠陥のために苦しめられている人たちを救おう、ということは勿論りっぱなことには違いないが、しかし、ただそうしたいと思うだけのヒューマニスティックな感傷だけでは、結局、その主観的には善意な意志も無力なものであり、この矛盾に満ちた社会を改革することはとうてい出来ないと考え始めたのです」（「キリスト教と共産主義」『現代日本のキリスト教』二二三―二三四頁）と述べています。赤岩は当時を振り返りつつ、自分がどのようにしてキリスト教という宗教と共産主義という社会科学の二つを軸として歩むようになったのかについて語っています。

第二節　東京神学社入学から高倉徳太郎との出会い

一九二〇（大正九）年九月から、父の長吉が広島の三次教会で働くこととなり、母と赤岩は広島市に留まりました。一九二三（大正一二）年に赤岩は神戸神学校に入学しますが翌年中途退学します。一九二五（大正一四）年に今度は大阪神学院に入学しますがやはりここも半年で退学してしまいます。なぜなら赤岩は母親の神学校に入れという願いでやむなく入学したに過ぎなかったからです。赤岩は牧師になって伝道するつもりはありませんでした。神学校では一、「小説でも書く勉強をしてやろう」、二、「マルクス主義的な宗教批判を徹底的に研究しよう、そしてキリスト教は迷信だということを論理的に決定的に説明して、人々を宗教的な迷信から覚まさせる」ことを目的に入学しました（前掲書、二三六頁）。

上記の目的で神学校に入学した赤岩には友達ができず一人ぼっちで淋しく、やりきれないものがあり、先生との関係も良くありませんでした。そのような状態で気持ちが落ち着かず、病気になったこともあり二つの神学校をやめましたが、ある人に東京神学社を紹介されて一九二五（大正一四）年四月に東京神学社に入学します。校長は高倉徳太郎でした。赤岩はこの神学校においても異質な存在であり、神学の勉強をせず宗教批判の本ばかり読んでいたため他の学生から非難されましたが、校長の高倉は黙って赤岩を見守りました。「これは今でも感謝しています。こういう先生のもとで、私の信仰は、今までの反発を捨てて、却って強いものになって行きました」と述懐しています（前掲書、二三八頁）。赤岩は東京神学社でシュトラウス、ブルーノ・バウアーなど、いわゆるヘーゲル左派の宗教批判を読み、それらの著書の中に聖書を歴史的に肯定している人々の論証が反駁のために引用されているため、赤岩は批判的な著書を理解するために聖書を肯定的に取り上げている人たちの著書も読まねばならなくなったと記し、聖書を研究することを通して以下の思いに至りました。引用します。

聖書を否定するにせよ、肯定するにせよ、何れの立場もともに聖書を舞台としているので、とにかく聖書自体をさらに身を入れて研究せねばならぬことに気がつき、聖書全体を、捉われない気持で研究し直したのです。そして私は、聖書が読むものに迫るあの全的な生命に打たれたのです。フィクションをもってしては、決して創り出すことの出来ない人格的なあるもの、いなそれ以上の何ものかを感得せしめられたのです。（前掲書、二三九頁）

それから後の赤岩は社会科学の研究やドストエフスキーの研究をやめ、福音的な信仰によって、福音的な信仰を追求することに全力を注いでルターやカルヴァンから影響を受けました。そしてバルト神学にも触れることとなり、「義認と信仰」が大きな影響を与えたと記しています。高倉徳太郎から「ブルンナーはまだいいけれども、バルトは、非常に極端だからいかん」と言われましたが、赤岩はバルトの「ロマ書講解」を読んで非常に影響を受け、そのあとで「ドグマティーク（教会教義学）」などを読んで決定的な影響を受けることとなりました。

一九二八（昭和三）年に東京神学社を卒業した赤岩は篠原芳野と結婚し、九月に日本基督教会佐渡伝道所に赴任しますが、一九三一（昭和六）年高倉徳太郎を中心とする神学者、牧師グループが月刊雑誌『福音と現代』を刊行することとなり、赤岩は高倉の要請を受けて佐渡から上京し、『福音と現代』の編集業務を担当することとなりました。彼は高倉の要請でマルクス主義について研究し『福音と現代』に「マルクス主義と基督教」（『福音と現代』一九三一年四月一日）と「マルクス主義と基督教（二）」（『福音と現代』一九三一年六月一日）を寄稿します。論文の中で赤岩は多くの青年たちがマルクス主義の旗下に集まることによってあらゆる思想的領域を克服し、力強くマルクス主義的世界観を戦おうと努力していることを評価しつつも、マルクス主義者が否定しているキリスト教とは観念的なキリスト教であると述べ、真のキリスト教とはカルヴァンの「余は神の知識をば、単に神が存在するということの理解であるとは思惟しない」という立場、すなわち神の知識や神への信仰は人間の義務や実践的行動と結び付くものだと語っています。佐渡伝道所の教師を辞めて上京したのを機に日本基督教会中原伝道所を開設して活動を始めます。また月刊雑誌『言』を刊行して文書活動を行いました。中途退学をした二つの神学校に入学して行なっていた「小説でも書く勉強」が役に立ったのです。この雑誌は毎月一日に発行され、定価は一部五銭だったそうですが、詳しい発行部数が分からないのが残念です。一九三二（昭和七）年一月に伝道所を中原から現在の代々木上原に移して日本基督教会上原教会としました。翌三三（昭和八）年に伝道所が伝道教会に昇格、一九三五（昭和一〇）年になると日曜集会は満員の状態となり新会堂の建築が待望され、翌三六（昭和一一）年に会堂を新築しました。一九三九（昭和一四）年に新約聖書要解『マルコ伝』（長崎書店、現・新教出版社：筆者注）、翌四〇（昭和一五）年には『イエスの譬』（長崎書店）、四二（昭和一七）年には『神われらと偕に在す』（長崎書店）を出版するなど赤岩の書いた物が少なくない人に読まれ、影響力を持っていたことが窺い知れます。しかし一九四四（昭和一九）年には戦争の激化に伴い徴用を受けて東京の理化学研究所で働くこととなり、課長代理を務め、翌四五（昭和二〇）年五月には理研の疎開のために赤岩も山形県宮内へ移転を余儀なくされます。戦局の緊迫化とともに教会で集会を開くことが困難になりましたが、日曜礼拝のために毎週欠かすことなく帰京しました。この年の一二月に「星は導く」（『現代説教選』第一巻所収、新教出版社）を出版します。

第三節　戦後直後の赤岩栄

赤岩は戦後キリスト教界を超えて広く言論界において活躍します。次頁の表は一九四五年から四九年一月の入党宣言までの時期に赤岩が文章を寄せた雑誌の一覧であり、二四もの雑誌に執筆していることが分かります。

この他にも赤岩は高桑純夫編『自我と実存』（白揚社、一九四八年）において「宗教と実存」の項で「科学の限界」を寄稿したり、『中央公論　六三』（中央公論社、一九四八年一月）で「座談會　社會變革とキリスト教精神」を阿部行藏、小林珍雄、田中耕太郎、山本和、荒正人と共に行ったりしています。これらの著作物を通して戦後の赤岩の活動は旧教派、教界を超えて広く言論界において活躍していたことが分かります。

また一九四五年の敗戦は赤岩にとって小さくない変化を与えたようです。「戦時下の私を反省して」（「キリスト教と共産主義」）によると神学校時代に一級下の学友に応召があり応じるべきか否かの相談がありました。赤岩は絶対にクリスチャンとして応召を拒否しろと言いましたが、学友が校長の高倉徳太郎のところにいくと、高倉は「腕組みしたきり返事もしない」のです。赤岩は高

『福音と時代』（新教出版社）	『基督教文化』（新教出版社）	『世界評論』（世界評論社）	『労働文化』（労働文化社）
『近代文学』（近代文学社）	『文藝春秋』（文藝春秋）	『進路』（進路社）	『群像』（講談社）
『思潮』（昭森社）	『改造』（改造社）	『個性』（思索社）	『人間』（目黒書店）
『婦人文庫』（鎌倉文庫）	『近代文学』（近代文学社）	『文学界』（文学界社）	『新生』（新生社）
『理想』（理想社）	『芸苑』（巌松堂書店）	『大和文学』（養徳社）	『書評』（日本出版協会）
『哲学評論』（民友社）	『評論』（河出書房）	『人間美学』（臼井書房）	『表現』（角川書店）

倉「先生は、日本の教会全体の影響を考えて答えを黙っている」とその時は思いました。

しかし戦後になって赤岩は戦時下のそのような態度を厳しく自己批判するようになります。「われわれの戦争中の態度は、一言にして言えば福音主義的な立場に立っていたのです。軍部の圧迫に対しても、出来るだけ無抵抗の態度をとろう、その代り自分自身は、どこまでも徹底した福音を語りたいと考えていたのです」。もしも軍部が教会解散などを命じたら命を差し出すつもりでしたが、「そうでない限りは、支配者の権力の下で、その要求に従って無抵抗でいる方が、教会は潰されなくていいという考え」で生きていました。「しかしそれは、いま考えてみると大変な誤りであったと思います」と語り、「権力的な支配機構から独立してそれに触れないようにして福音を語るということは、［中略］たとえば、天皇は神だと軍部がいうと、われわれは一応黙ってそれを聞いておきながら、教会の中で『イエスは神だ』と、いわゆる逆説的な方法で説明するのです。［中略］こういうかたちで、伝道してゆこうというのが、われわれの戦争中の手であったのです。追いまくられていた結果ですが、ある意味においては、教会の壁の中に隠れこんだ卑怯なやり方なのです。しかしそのときは、別に卑怯とも感じませんでした。

ところが結果として起った事実は、そういう方法をとっても、消極的にある人は疎開する、ある人は教会に来ないという始末で、当時の日本のキリスト教は散々たる状態になったのです。［中略］ああいう困窮した悲惨な状態が展開されたときは、キリスト教の歴史では布教がさかんになるのが普通なのですが、戦争中は実に散々となってまいりました。そういうわけで、私は戦争中に自分のとった態度を徹底的に反省して、これでは絶対に駄目だと解ったのです」と語っています（前掲書、二五二―二五四頁）。

赤岩は戦争中に上述の苦い体験をしたため、敗戦後は「マルクス主義をもっと真剣に切実に考え始めるようにな」りました。赤岩は一九四七年四月の『キリスト新聞』に「信仰による実践――共産主義とキリスト教」（『キリスト新聞』一九四七年四月二六日）を書いています。要点は以下の四点です。①共産主義者を「直ちに神の敵であるとは考へないで、ただイエス・キリストを知らない彼等の無知として極力気の毒に思ひ、出来る限り、キリストを宣伝へることが肝要ではなからうか」。②とはいえ共産主義者は簡単には福音を受け入れないであろう。その原因は「私たちの側にないかといふことを深く反省してみる必要がある」。今日の私たちは「自分の思想や立場をキリスト教によつて擁護したりただ気分の上でだけ人類を愛して、真に困窮した人々を見棄てていたりしないであらうか」。③この人間を愛することは単なる慈善事業ではなく「もつと社会をよくするためには、正しい政治が確立されなければならないことに目覚めて、どれだけ真剣に腐つた今日の政治の浄化のために苦しみ戦つているであらうか」。「共産主義と、キリスト教とは……共に、よりよき社会の実現のために戦うことにをいて、よき競争者でありたいと思ふ」。④私は「日本の共産主義幹部の人達が」「社会を改革する道はマルクス主義以外にはないと確信し」、「牢獄に十何年も入れられながら、その確信を貫き通したこと」に驚嘆している。故に過去の弾圧に耐えてきた共産主義幹部を想うとき、「キリスト者の弱腰と、場合によつては無節操を慚愧せざるを得ない」。ドイツのニーメラーもまた、「ナチ・ドイツのアンテイ・クリストと戦つて、その信仰告白を守り通したではないか」。共産主義によって「私たちは真の信仰に生きているか否かが吟味される」。「社会を逃避する生活は、真の信仰生活ではない」。今こそ共産主義によって「真に福音的信仰に目覚めて」立とう（寒河江健「赤岩栄と日本のキリスト教界」『紀要』第一四号、富坂キリスト教センター、二〇二四年）。

赤岩は戦時下において「弱腰」であった自分を含めた日本のキリスト教界の態度を反省すると共に、共産党員が十何年も牢獄に入れられながら、その確信を貫き通したという事実に驚嘆し、一種の尊敬の念を抱きます。

第四節　共産党入党決意表明と日本基督教団からの反応、教会分裂

前節で赤岩が広く言論界で用いられていたことを確認しました。それだけでなく赤岩は日本基督

教団内においても日本基督教団東京教区の青年部に属して青年キリスト者への信仰教育という面で期待されていました。彼は一九四八年に日本基督教団主催の第二回全国青年指導者修養会に参加しますが、そこで同じ青年部の委員であり東京山手教会の牧師であった平山照次と共産主義に関する発言によって激突します。

その後一〇月一日の『教団新報』にて日本基督教団青年部常任委員会が「赤岩栄　平山照次　両氏の公開状に就て」の一文を掲載し、『キリスト新聞』紙上に赤岩、平山両氏の公開状が発表されたことに伴い、青年部の所信が表明されます。ここでは赤岩を断罪しておらず、「福音宣教の立場からマルキシズムに対して如何なる態度をとつて行くかの見解に距離が生じていると思ふ」と記され、「この問題は現下わが教会に課せられている重要な課題の一つであつて、われわれも慎重に検討しつつある」とまとめています。

この出来事の翌年の一九四九年一月二一日の『アカハタ』に赤岩と記者との対談記事「風早さんの応援に赤岩牧師起つ、共産党入党の決意示す」が掲載されました。ここには共産党候補者風早八十二の推薦演説を行なった赤岩への一問一答が記録されています。そこで赤岩は「前から私は共産党の支持者」であり「貧民救済を言葉でなく、現実に先頭に立って闘いつつある……共産党を支持」すると語り、「チェコではフロマドカという有名な牧師が、キリスト教を信仰しつつ、ソヴェトと協力しています。またイギリスではカンタベリ副僧正のヒュレット・ジョンソンという共産党支持者」がいることを引き合いに出して自身の信仰と矛盾しないことを述べています。また反共的講演を行なっているキリスト教について尋ねられると赤岩は「あれはにせものです。反共的な言葉をろうしているキリスト教はうそです」と語り、最後に「わたしは入党したい。教会の方から異端視されてもこの私の信念はかわりません」と語りました。

赤岩の決意表明を受けて日本基督教団は常任常議員会を開き、「議長メッセージ」を『キリスト新聞』及び『教団新報』紙上に掲載して全教会に発送することを決め、赤岩に対して「五ヶ年伝道委員」「信条委員」「出版事業部委員」を自発的に辞任するよう要求することを決議します。『教団新報』（一九四九年二月一〇日）に小崎道雄教団総会議長メッセージが「赤岩牧師の問題に関して諸方から寄せられた書信に対し、本教団の態度を明らかにするために」掲載されます。内容は赤岩の決意表明に対して遺憾の意を示すものです。ただ赤岩はまだ入党したわけではないので、教団としては「氏が一日も早く自己の誤謬を悟り、其の決意を翻さんことを祈つてやまない」とし、キリスト教と共産主義とはその本質と実践の原理が異なっているため、両者は到底調和するものではないという立場が書かれています。また「われらの主イエス・キリストはあらゆる人生問題の十全な解決者にていましたもうから、現実の問題に関しても究極的には敢て他の師を必要としない。われわれは此の際、各位が、世の風潮に動さることなく、ますます『この外別に救あることなし』との確信に立ち救主キリストに対する忠誠を完うするよう力を効されんことを切望する」と結んでいます。

続いて「赤岩牧師の処置に関する決議」が友井禎教団総会議長代理によって『キリスト新聞』（一九四九年八月六日）ならびに『基督教新報』（一九四九年八月一〇日）に公表掲載されます。全文は寒河江健「赤岩栄と日本基督教団」に掲載していますので結論を要約すると、日本基督教団としては(1)共産主義とは反宗教を帰結とする唯物弁証法であり、階級闘争を主張し、直接行動と階級独裁とによる社会革命を行おうとするものであること。(2)共産主義において理論と実践とが堅く結合し、これを切り離すことができないように、キリスト教においても信仰と実践は堅く結びついてこれを切り離すことはできない。したがって「信仰は基督教実践は共産主義」という主張は決して容認することができない。以上二つのことが言われています。

これをもって教団において一応は赤岩の決意表明問題は決着したと思われましたが、赤岩は一九四九年一一月一九日に『私はイエスを裏切らない』を出版し、改めて赤岩はキリスト者でありながら共産主義者であろうとすることを宣言し、小崎道雄が『教団新報』（一九四九年二月一〇日）に掲載した「キリストのみが師であり、他に師を必要としない」という言葉を批判して「これは、まさしく、中世において聖書を唯一の真理と考えて、科学的真理を拒否したあの迷妄の現代版ではないだろうか」と語っています。

次に確認したいのは赤岩が牧師として働いていた日本基督教団上原教会の反応です。上原教会の信徒たちは彼の決意表明をどのように受けとめたのでしょう。上原教会の信徒であった竹本哲子が書いた『私の出エジプト――上原教会脱出記』（日本之薔薇出版社、一九八二年）を見ていきたいと思います。竹本はキリスト者の家に生まれ育ちキリスト教主義の学校に学びます。その後結婚し一九三六年に上原教会の斜め前に家を建てたことがきっかけで上原教会に通うことになります。一九四九年の決意宣言を契機に二十数名の信徒と共に上原教会を離れて家庭集会を持ち、やがて西原教会を設立し、その信徒となります。竹本は一九八二年に千歳船橋教会員からの勧めもあり当時の記憶や日記などを頼りに『私の出エジプト――上原教会脱出記』を書き上げました。

竹本は一九三六（昭和一一）年に教会の斜め前に家を建てたことがきっかけではじめて上原教会の門をくぐり、一一年間礼拝・祈禱会を守り、また修養会にも参加するなど教会生活を過ごします。竹本は一九四八（昭和二三）年頃から赤岩の説教の内容が変わってきたことを感じます。かつて信仰のみを強調し政治嫌いであった赤岩が礼拝で「クリスト者が社会に目を向けなければいけない」という話ばかりし、共産党をほめたり社会党をけなしたり政治の批判をするようになりました。赤岩の説教の変化は他の教会員も感じており、「先生は百八十度変わっておしまいになった。今まで先生は信仰とは神の側から与えられる者、我々はその信仰によってのみ義とされる、とおっしゃって、社会事業や愛のわざを認めていらっしゃらなかったのに……」と言う人もいました。ちょうどこの年、赤岩の娘が家出をして共産党員の青年と同棲しているという噂話が教会員の中でささやかれるようになります。赤岩はついに一九四九年に礼拝の説教で良いサマリア人の話をして共産党をほめ、「愛の実践は、今日に於て共産党入党より外に方法がない」と語り教会の中で共産党入党の決意を宣言しました。

決意表明後も赤岩は礼拝説教の中で共産党をほめることをやめず、それが教会内外で大きな波紋を呼んだために一九四九年二月に教会員全体会議が開かれることとなり、赤岩の決意表明に関しての説明が行われることとなりました。その会議において上原教会に転会してまだ一年経っていないものの、赤岩に一目置かれていた隅谷三喜男が赤岩の決意表明を批判し、会議は混乱したまま結論が出ずに終わりました。

ついに赤岩の態度に我慢できなくなり教会を脱出した二〇名ほどの人たちが西原にある信徒の山下家で家庭集会を守ることとなります。『千歳船橋教会五〇年史Ⅰ』では「教会の設立」の項目で以下のように説明されています。「四九年一月の総選挙に当って、赤岩栄牧師が共産党入党を宣言するという事件が生じ、キリスト教界に大きな衝撃を与えるとともに、教会内部においてもこれを契機として従来からの問題が拡大され深刻化し、教会員の熱心な尽力にもかかわらず事態は好転せず、同年四月末に開かれた教会総会においてついに破局に立ち至り、婦人会員を中心として教会員の半数近くは、［中略］ついに意を決して上原教会を脱退するに至ったのである。［中略］離脱者の一部は他教会に赴き、一部は教会を捨て去ることとなったが、約二〇名のものは［中略］五月第一日曜からささやかな集会を始めるに至った。集会はその後日曜礼拝を山下姉宅（出席者平均二〇名）において祈禱会を竹本姉宅（出席者平均一〇名）において引き続き開いた」（前掲書、三頁）。

約四〇名ほどいた信徒のうち婦人会を中心に約二〇名が去った上原教会でしたが、一九五〇（昭和二五）年一二月に赤岩は小説家で一九四七年に日本初の実存主義文学と称された『深夜の酒宴』でデビューした椎名麟三に洗礼を授け、一二月には月刊雑誌『指』を創刊します。赤岩の決意表明後も多くの人が上原教会に集ったようで、一九五二（昭和二七）年には上原教会信徒の数は分裂以前の倍となるなど非常に勢いがありました。日本基督教団において赤岩の決意表明は許容することのできない事柄であり、上原教会においても信徒の半分が離脱するという大きな拒絶反応を引き起こしましたが、一方で赤岩の言動に惹かれるキリスト者青年が数多くいたことを窺い知ることができます。また『指』の発行部数がどの程度であったのかが分からないのは残念ですが、決して少な

くない牧師、信徒たちが『指』の読者であり、影響を与えていた事実があります。(2)

第五節　日本のキリスト教界からの反応、批判、肯定

赤岩の決意表明時に上原教会の信徒であった社会学者の隅谷三喜男は『キリスト新聞』(一九四九年二月一九日)で「基督者と今日の社会――赤岩牧師の場合を中心に」を書き、赤岩の思想の特色を「永遠と時間の二元論」であるとし、「信仰の秩序とこの世の秩序とを〝確然と〟分離し、社会的実践については社会科学の法則に〝手放し〟で従うべきことが説かれて来た」とします。そして隅谷はこの赤岩の思想に対して「それは戦争に際しては積極的に戦争を肯定せしめる論理でもあつた。ここに問題が存する。そこでは時間の中における吾々の生活が永遠に神の前に責任を持たされたものとして問われていず、終末論が極めて機械的に解釈せられているのである」とし、それゆえに「赤岩牧師を支える二本の足――信仰の秩序と時間の秩序――は離れればなれである為に却つてもつれて、進むも退くも出来ない状態となるであろう事は明かであつた」と批判しています。また隅谷は赤岩において「時間の秩序については社会科学の法則に従うという命題は、実はマルキシズムの論理を承認するという事であり、……そこから共産党入党の決意が生じるのも亦当然である」と赤岩の思考を理解しつつも「併しそれは福音から湧き出る実践であろうか」と投げかけ、「時間の秩序の論理を無条件にマルキシズムに置き換へ」ることに疑問を呈し、「吾々の今日の課題

は福音を時代に適応せしめる事ではなく、逆に正しく福音を聞く事によって歴史に対して積極的に行動する事である」とし、「赤岩牧師がかかる点を厳密に再検討される事を願う」と結んでいます。

続いて当時日本社会党所属の政治家として活動していた森戸辰男は『ニューエイジ』（一九四九年五月）に「赤岩問題私見」を書きました。森戸は共産党を「反宗教の党」、「独裁の党」、「単なる世界観の党であるにとどまらず、その正統世界観を少くとも党員に強要することを本質とする思想統制の党」と考えており、赤岩が共産党を「実践の党」だと断言することに疑問を呈しています。なぜなら森戸は日本共産党が他の社会主義政党とは異なり社会主義実現の方法として「暴力革命と無産階級独裁制をとる」と理解するからです。それゆえに森戸は赤岩に対して「何故に同氏がキリスト教徒として、人間の生命と自由を尊ぶ平和的・民主的な道を選ばずして、流血と脅威のさけがたい道」を採ったのかと疑問を投げかけています。

「赤岩牧師の問題」（『基督教文化（三六）』一九四九年五月）は赤岩の決意表明が赤岩個人の問題を超えて将来にわたる重大性を持つという認識のもとで企画されました。まず赤岩が一文を書き、それに対する意見と応答をキリスト教界の各方面の人物が行う文章です。宮本武之助、今中次麿、北森嘉蔵、松木治三郎、福田正俊、浅野順一、松田智雄の名が記されています。応答者の中で今中次麿だけが赤岩を支持し、それ以外の応答者は部分的に赤岩に理解を示すものの概ね批判しています。

まず赤岩は「私と共産党」で以下の事柄を書いています。自分の入党決意によって教界に波乱、反響を呼び起こしたが、プロテスタント教会の否定的な反応とは反対に「社会に接触しながら信仰生活を続けている青年たちが、かなり数多く私を支持してくれているのは事実」であるとはじめに述べています。また共産主義がキリストの意志に反するのかという問題に対しては多くのキリスト者が共産主義は唯物的、無神論的世界観の上に立脚するからいけないと批判されますが、イエスが語ったよきサマリア人のたとえのように行動して戦災孤児や失業者、路上生活者のいない社会が来るように実践しなければいけないと考えた時、自分は共産党に入党して行動することがイエスに従う生き方だと結論したのだと述べます。

赤岩は先の戦争の原因にもなった資本主義が引き起こす矛盾を取り除く必要を感じ、共産党入党決意を表明しました。そこには無理な飛躍があると批判されますが、赤岩にとってイエスは信仰上の救い主であって経済学者でも政治家でもないため、政治のことは政治家に、経済のことは経済学者に聞く姿勢が必要だと説き、マルクスを優れた教師と認め、唯物史観的な歴史把握は局所的には問題があるものの大局的には真理だと認めるに至ったのだと言います。赤岩は「キリストを信ずる者が、マルクスの真理に学んだとしても、それは何の沽券にかかわる筈はございません」と言い、マルクスの語ったことは真理であり、それを全体として承認し局所的な誤謬を取り除くことがなすべきことだと語ります。そして共産主義そのものについては、初代教会が共産主義形態を取り使徒言行録の中で賞賛すべきものとみなされていることは否定できないとし、「原始教団の人達が互に財産を出しあつて相互扶助の生活をしたことは美しい信仰のあらわれ」だったと評価しています。

続けて赤岩は言います。教会は福音を聞くところであり、社会はそれに応えて生きる場であるが、実際には教会に来て福音を聞いても応答する場は社会に無く、わずかに頭で感謝するだけで終わっている。疲れ切ってそれすらできない人もいる。このような状態から人々を解放しないといけない。

福音に対する応答として合理的で搾取のない社会を作り、貧しかったり忙しかったりして福音を聞けない人がいない社会を作りたい。こうした社会を実現する実践こそキリスト者の応答ではないか。共産主義者は合理的社会が実現したら神観念は消失すると考えているとの反論に対してはその通りだが、それに対して観念的に反対しないで実践においてそうでないこと、つまり合理的社会が実現しても神観念は不必要にならないことを証明する以外に道がなく、実践の道においては一つの道を共産党の人と共に歩むことができる。理論で対立し実践しないならそれこそキリスト者の信仰や神が観念にすぎないことを証明することになってしまう。

最後に共産主義は暴力主義であり、目的のためには手段を選ばないという点があるが、赤岩はこれ自体は否定せずただ「今日の矛盾した機構をそのまま許すことは、私たちが手を下さないまでも、多くの人をそのことによって死に至らしめているのである」と言い、社会の矛盾を少なくするために実践しているのだと語ります。非常に苦しい理屈ですがそれは赤岩も承知しており、「共産党の実践は無謬であるなどと、私は言っているのではありません。その謬をただす」ために「中にはいって、ともに実践しながら改めていく」のだと語ります。

牧師の北森嘉蔵は応答の中で「今回の問題は究極的においては神学的な問題」だが、「ここでは神学的なことを一応留保して、あなたの文章に即して私が感じた具体的な二三の点を述べ」ています。一つはマルクス主義の自己完結性への傾向についてであり、「私が最も重大な問題として受け取るのはこの点」だと述べ、「あなたの実践によって共産主義が『神ある』共産主義にまで『発展』する前に、この自己完結性が致命的な破綻を爆発させはしないかと、恐れるのです。共産主義の『独裁性』ということは、実にこの自己完結性の必然的な発展ではないかと思う」と語ります。つまり共産主義は自己完結しておりキリスト教を必要としていないし、そこにキリスト教を持ち込んでもうまくいかないという懸念です。

牧師の福田正俊は応答の中で「実はこの問題は今日の世界をこのように息苦しく、また悩ましく圧迫している問題の正体」であるとし、「基督教徒自身、今日の世界の害悪に対して罪の負い目――為すべきことを為して来なかったという――を分つべきものだと信じ」ており、キリスト教と共産主義を最初から相容れないものだと決めてかかる立場に立っても現実問題の解決にはならないため、「少くとも共産主義が真剣に対象としている問題、その物の切迫性を我々も良心的に感じなければ」いけないと語り、これに対する赤岩の良心的な態度と勇気に敬意を払います。

しかし福田は赤岩が身を持って共産主義に飛び込んでいくという実践によって現実問題を解決しようとした点に重大な問題を感じます。福田は赤岩が共産党だけが実際に改革しようとしていると考えたのは「社会民主主義的なものの実情」に対する「絶望」があり赤岩の「心持は私には理解出来」るものの、「共産党は抑々《そもそも》基督教と相容れない実践体系ではないか」と語り、あくまで福田は「キリストの福音を託された、本質的な意味の教会に責任を感じ」ると述べ、「神の言に責任を負う歴史的な団体である教会が、今一つの歴史的な主張と制約とを負う共産党に対して、行為において責任をわかちあうことが困難であるのは止むを得ない」と語ります。

政治学者の今中次麿だけが赤岩を支持し、赤岩入党の動機は赤岩が説明するところで「充分その意をつくしている」とします。またマルクス宗教理論について、それが無神論であり反宗教論であるというのは全く間違った見解であり、共産党が過去において反宗教運動を行なったのは教会が反動勢力と社会的不正を支持して正しい進歩的な道を妨げるからだと述べました。

牧師の浅野順一は赤岩のいう信仰のことはキリスト教に、社会問題は社会科学にそれぞれ問題の解決を求めるべきと区別することに賛同しますが、マルクス・レーニン主義が唯一の科学的社会理論であるかに疑問を抱き、それを唯一とするのは非科学的な独断だと述べます。またマルクス主義は理論と実践を一つにしている強力な主義であり、それゆえにマルクス主義の世界観を捨ててその実践面だけを取り上げることは簡単ではなく、共産主義の宗教否定も暴力革命もその理論から切り離すことは不可能だと語ります。「社会生活の深刻な矛盾と組織の根本的欠陥とについて、我々基督教の教職と雖も之を無視するわけには行かない。唯教会又伝道と云つても社会の問題を無視したり回避したりしたのでは、それはほんとうの宣教にならぬことは貴方の云われる通り」だと肯定しながらも、「入党しなければ現状に最も適わしき伝道は出来ない」という考えを批判し、「我々は我々流に問題をとり上げることこそ、彼らへの真の伝道となるのではない」かと語ります。

経済史学者の松田智雄は赤岩の「唯物論的世界観の上に共産主義は決して立脚するものではない」という理解は誤っており、レーニンはマルクス主義の「体系の不可分の系列を（一）哲学的唯物論（二）弁証法（三）唯物史観（四）階級闘争、という序列において明示」しており、「マルクス・レーニニズムの全体系が唯物論的世界観の上に築き上げられ」ていることは明らかだと主張します。また共産主義の反宗教・無神論的性格について宗教が共産主義を無神論的にしたと語るのも正しくないと批判します。最後に赤岩の語る「社会の構造的発展・改革の過程における政治的実践の意義」についても「政治的実践が社会の構造転換について打出の小槌のように万能」であるかのような主張を批判し、新しい社会構造への条件を創り出す「最も根底にあるものは経済的諸条件の形成と成熟であり、中にも生産力を□［不明］いつつ発展させ、新しい歴史を担う勤労的人間、また階級を陶治することでなければ」ならないと述べます。松田は経済史学者として赤岩の共産主義に対する理解が不十分であり独断的であることを指摘します。

結び

この論文では「キリスト教と共産主義は水と油か」という問いを一五年戦争敗戦後という時代状況の中で、特に日本基督教団の牧師であった赤岩栄による決意表明とその反応を中心に見てきました。この時代の日本はＧＨＱによる占領統治を受け（一九四五年から五二年まで）、いわゆるレッドパージを代表とする共産主義に対するＧＨＱの姿勢が前提にありましたし、当時の中国共産党、ソヴィエト連邦のスターリンの独裁、粛清といった時代状況下で当時のキリスト教界の反応があったことは言わずもがなです。それらいわゆる「戦後」の空気感、共産主義に対するＧＨＱの姿勢については本書の他の研究者の論文をご参照いただければと思います。また拙稿「赤岩栄と日本基督教団」（『紀要』第一三号）で論じたように一九四八年八月二二日から九月四日までアムステルダムにて開催された世界教会協議会の創立総会で話し合われた内容が影響していることも指摘しておきます。

本論文では日本基督教団の牧師であった赤岩栄の決意表明によって日本基督教団、彼が牧師を務めた上原教会、そして日本のキリスト教界の反応を見てきました。最初に出てきた批判は教団総会議長の小崎道雄による議長メッセージにある通り、赤岩が共産党を支持するのは誤謬であるというものです。「われらの主イエス・キリストはあらゆる人生問題の十全な解決者にていましたもうから、現実の問題に関しても究極的には敢て他の師を必要としない。われわれは此の際、各位が、世の風潮に動さることなく、ますます『この外別に救あることなし』との確信に立ち救主キリストに対する忠誠を完うするよう力を効されんことを切望する」と語っています。しかしキリスト教の歴史を振り返るならばキリスト教は修辞学といったギリシア哲学を批判的に適応してきた歴史がありますし、キング牧師はガンディーの非暴力思想に大きな影響を受けてアメリカにおける公民権運動を率いたことは周知の事実です。

続いて日本基督教団は友井禎教団総会議長代理によって「赤岩牧師の処置に関する決議」を出します。ここで共産主義とは反宗教を帰結とする唯物弁証法であると定義されます。そして共産主義において理論と実践とが堅く結合し、これを切り離すことができないように、キリスト教においても信仰と実践は堅く結びついてこれを切り離すことはできないため、「信仰は基督教実践は共産主義」という主張は決して容認することができないとしています。隅谷三喜男も赤岩の「信仰はキリスト教、実践は共産主義でいく」という態度を「永遠と時間の二元論」と批判しました。また日本基督教団の牧師であった北森嘉蔵や福田正俊もキリスト教と共産主義は相容れないものではないかと批判、経済史学者の松田智雄はそもそも赤岩の「唯物論的世界観の上に共産主義は決して立脚するものではない」という理解は誤っていることを指摘し、共産主義の反宗教・無神論的性格について宗教が共産主義を無神論的にしたと語るのも正しくないと批判します。

これに対して日本基督教団の牧師であった浅野順一は信仰のことはキリスト教に、社会問題は社会科学にそれぞれ問題の解決を求めるべきと区別することに賛同しますが、友井楨教団総会議長代理のメッセージと同じくマルクス主義は理論と実践を一つにしている強力な主義であり、それゆえにマルクス主義の世界観を捨ててその実践面だけを取り上げることは簡単ではなく、共産主義の宗教否定も暴力革命もその理論から切り離すことは不可能であると批判します。政治学者の今中次麿だけが赤岩を支持し、マルクス宗教理論について、それが無神論であり反宗教論であるというのは全く間違った見解であり、共産党が過去において反宗教運動を行なったのは教会が反動勢力と社会的不正を支持して正しい進歩的な道を妨げるからだと述べました。また赤岩が牧師を務めた上原教会では入党決意表明によって混乱が起こり半数の信徒が教会を去りましたが、その一方、数年で信徒の数が元通りどころか倍になり、小説家の椎名麟三が洗礼を受けるなど多様な反応がありました。

ここまで当時の議論を振り返りましたが、読者である皆さんはどんなことをお考えになったでしょうか。共産主義、特にマルクスの『資本論』に関しては近年柄谷行人や斎藤幸平といった研究者によって新たな視点での理解が提供されています。ここではその詳細には触れませんが、資本主義、自由主義、新自由主義が肥大化する現代にあって共産主義の持つ現代的、あるいは未来的意義が指摘されています。現代を生きるキリスト者は終末、世の終わりの時まで神が創造したすべての被造物に責任を持って生きることが求められています。本当にキリスト教と共産主義は水と油で相容れないものなのか。これまでのキリスト教が見逃してきた学ぶべきところ、共産主義者と協力できる世界線が存在するのか否か。当時の人々が置かれた状況下で考えたように私たちも現代という文脈で共産主義に関わらずさまざまな思想やそれに伴う実践に対して真剣に問い、答えを出していくことが求められているのだと思います。

注

（1）第一節「赤岩栄の生い立ち」は「キリスト教と共産主義」（『赤岩栄著作集五』、初出は一九四九年、三一書房）ならびに「神を探ねて」（『赤岩栄著作集三』、初出は一九四九年六月一五日、アテネ文庫六一、弘文堂）、「年譜」（『赤岩栄著作集二』）を引用、参考。

第二節は第一節の資料に加えて『日本キリスト教団上原教会の歩み』（陶山義雄、日本基督教団代々木上原教会、二〇〇五年）を引用、参考。

第三節〜第五節は『紀要』第一三号（富坂キリスト教センター、二〇二三年）所収の寒河江健「赤岩栄と日本基督教団」と『紀要』第一四号（富坂キリスト教センター、二〇二四年）所収の寒河江健「赤岩栄と日本のキリスト教界」に掲載した論文をもとに加筆、修正。

（2）その一例が笠原芳光と岩井健作である。大倉一郎「岩井健作の宣教思想と霊性——教会と平和運動の形成」『紀要』四八号（明治学院大学、二〇一六年）を参照。

主な参考文献

『赤岩栄著作集』全九巻および別巻、教文館、一九七〇年〜一九七二年。

『教団新報』

「日本基督教団総会議案・報告書」日本基督教団宣教研究所所蔵。

「日本基督教団常任常議員会議事録」日本基督教団宣教研究所所蔵。

「日本基督教団常議員会議事録」日本基督教団宣教研究所所蔵。

「日本基督教団東京教区常置委員会議事録」日本基督教団宣教研究所所蔵。

『福音と現代』

『キリスト新聞』

陶山義雄編著『日本キリスト教団上原教会の歩み――一九二八～一九九七』二〇〇五年。

『アカハタ』

森戸辰男「赤岩問題私見」（『ニューエイジ』毎日新聞社、一九四九年五月）

「赤岩牧師の問題　一、私と共産党　赤岩栄　二、感想と批判、所感　宮本武之助／赤岩牧師を支持する　今中次麿／赤岩さんへ　北森嘉蔵／私の今日の立場　松木治三郎／所感　福田正俊／三つの疑問　浅野順一／感想　松田智雄」『基督教文化』三六巻、新教出版社、一九四九年五月。

「キリスト教と共産主義――赤岩栄牧師の問題をめぐって」久山康編『現代日本のキリスト教』（基督教学徒兄弟団、一九六一年）※『日本基督教団史資料集』には『現代日本とキリスト教』とあるが誤記。

『日本基督教団史資料集』第三巻、第四巻、日本基督教団宣教研究所史料編纂室編、日本キリスト教団出版局、一九九八年。

竹本哲子『私の出エジプト――上原教会脱出記』日本之薔薇出版社、一九八二年。

寒河江健「赤岩栄と日本基督教団」『紀要』（富坂キリスト教センター）第一三号、二〇二三年。

寒河江健「赤岩栄と日本のキリスト教界」『紀要』（富坂キリスト教センター）第一四号、二〇二四年。

第四章　戦後在日コリアンとキリスト教界（1）

――一九四五年から一九六〇年までを中心に

李　相勲

はじめに

本稿においては、一九四五年から一九六〇年までの期間に在日コリアンをめぐって起こった様々な事件・出来事に対して、在日コリアン・キリスト教界および日本キリスト教界がどのような反応を示したのか、あるいは示さなかったのかについて考察していきます。

そのことを行うにあたっては、特にその背景として、戦後における新たな「日本国民」の形成と冷戦体制に注目します。後に見るように、一九四五年の敗戦を境にして、「日本国民」の内容が変化する中、在日コリアンは様々な社会保障や社会福祉制度から排除されていきます。一方、冷戦体制は、南北分断に象徴される朝鮮半島の政治情勢などを通して、在日コリアンに影響を大きく及ぼしています。

本稿では、在日コリアン・キリスト教界としては、在日大韓基督教会（ＫＣＣＪ）と在日本韓国ＹＭＣＡを取り上げます。その理由は、本稿が取り扱う期間においては、これらの団体が在日コリアン・キリスト教界を代表する団体だったからです。ここでＫＣＣＪと在日本韓国ＹＭＣＡについて少し説明を加えておきたいと思います。

ＫＣＣＪは、一九〇八年に東京に設立された、朝鮮人留学生のための教会をその歴史の出発点としている教団です。この留学生教会は、長老派の教会として始まりましたが、その後一九一二年からは、同教会を含む在日朝鮮人に対する宣教活動は、朝鮮の長老教会とメソジスト教会が共同で行うようになります。その後、樺太から九州までの日本各地に朝鮮人教会が相次いで設立されていく中、一九三四年には在日本朝鮮基督教会という名称の教団が設立されたのでした。

この在日本朝鮮基督教会は、一九三七年の日中戦争の勃発以降日本においてナショナリズムが高揚する中、「朝鮮人」教会としての生き残りを図るため、当時日本のプロテスタントの中で最も大きな教団であった日本基督教会との合同を模索しますが、結局は一九四〇年に日本基督教会に吸収合併されることになります。その後、一九四一年に日本基督教団が設立された際には、同教団に旧在日本朝鮮基督教会系の諸教会・伝道所も所属することになります。

戦後、旧在日本朝鮮基督教会系の諸教会を中心にホーリネス系や四谷ミッション系など他系統の諸教会を含む朝鮮人諸教会は、一九四五年一一月に在日本朝鮮基督教連合会を組織しました。この連合会はその後、数度にわたる組織改編や名称変更を行い、現在は在日大韓基督教会との名称でその宣教活動を行なっています。

一方、在日本韓国ＹＭＣＡは、一九〇六年に東京朝鮮基督教青年会（ＹＭＣＡ）との名称で設立された団体であり、現存する在日コリアン諸団体の中で最も古い歴史をもつ団体です。戦前においては多くの朝鮮人留学生たちが同ＹＭＣＡに連なって活動していました。在日本韓国ＹＭＣＡは、ＫＣＣＪとも深い関わりをもつ団体でもあります。なお、同ＹＭＣＡはその後、一九四六年に「在日本朝鮮基督教青年会」に改称した後、「在日本韓国基督教青年会」と再び改称していますが、本稿では時期に関係なく、「在日本韓国ＹＭＣＡ」と表記することにします。

本稿ではまず、戦後新たに「日本国民」が形成されていく中で在日コリアンが排除されていった過程を概観し、それに対する在日コリアンおよび日本のキリスト教界の反応について見ていきます。次に南北分断や朝鮮戦争などが在日コリアン・キリスト教界に与えた影響について考察します。そして最後に在日コリアンの排除と冷戦体制の両方を象徴的に表す出来事であったとも言える北朝鮮への「帰国事業」に対する在日コリアンおよび日本のキリスト教界の反応について見ます。なお、本稿では、朝鮮半島にルーツをもつ人々を表す言葉としては基本的に「在日コリアン」を用いますが、戦前に関する記述などにおいては「朝鮮人」という言葉を用いることにします。

第一節　戦後「日本国民」の形成過程と在日コリアンおよび日本のキリスト教界

(1)「日本国民」の形成過程における在日コリアンの排除

戦前の日本は、植民地帝国であり、多民族国家でした（先住民であるアイヌ民族や琉球・沖縄の人々を含んでいるという点では戦後も変わらず多民族国家であったと言えます）。そのような植民地帝国日本では、その統治の必要から混合民族論が支配的でした。社会学者の小熊英二によると、混合民族論とは、日本民族は太古において異民族を同化してできた民族であるとするものであり、そのような経験をもつが故に日本民族は異民族を容易に統治・同化することができるとするものでした。戦後この考えは、多くの植民地を失う中、日本は単一純粋な起源をもつ民族のみで構成されているとする単一民族神話に置き換えられます。そしてこの神話の上に新たに「日本国民」が形成されていったのでした。その形成において要の役割を果たすことになったのは、戦後新たに制定された日本国憲法によって「国民統合の象徴」とされた天皇でした。

日本近現代思想史の研究者である尹健次《ユンコンチャ》は、新憲法の基本的特徴として、「天皇制の存続」「植民地支配・戦争責任の自覚・反省の欠如」「旧植民地出身者の在日アジア人の憲法の枠組みからの除外」を挙げています。戦後における日本国民の形成は、植民地支配への責任を曖昧にする中で、また、在日コリアンをはじめとする旧植民地出身者を「外国人」化し、日本国憲法による人権保障の対象から排除する中で推進されていったのでした。

ところで在日コリアンの国籍に関して日本政府は、講和条約が定めるまでは日本国籍を有するものとしていましたが、そのように規定しつつ、同時に在日コリアンの「外国人」化を推進していったのでした。例えば、日本政府は、一九四五年一二月の衆議院議員選挙法の改正に際して、戦前からあった在日コリアンの参政権を停止しています。また、新憲法施行の前日である一九四七年五月二日には、天皇最後の勅令によって、退去強制規定を含む外国人登録令が公布・施行されましたが、その一一条のいわゆる「みなし規定」によって、在日コリアンも「外国人」とみなされることとなり、この法令の適用対象となりました。

最終的に日本政府は、一九五二年四月二八日のサンフランシスコ講和条約の発効をもって在日コリアンをはじめとする旧植民地出身者がもつ「日本国籍」を剝奪します。そしてそれ以降、「外国人」となった在日コリアンは、生活保護を除くすべての社会保障および社会福祉制度から除外されることになったのでした。在日コリアンは、国民健康保険（一九五八年以降）や国民年金に加入できなかったばかりでなく、公営住宅への入居もできませんでした。

このように日本政府は、在日コリアンを「外国人」化して排除していきましたが、一方では、サンフランシスコ講和条約の発効以前においては、「日本国籍者」であることを理由に在日コリアンによる民族教育を否定したのでした。

戦後すぐに日本各地の在日コリアンは、その子弟に朝鮮の言語・歴史・文化を教える民族教育に取り組み始めました。そのような中、戦後の在日コリアン最大の組織であった在日本朝鮮人連盟

（朝連）などの指導のもと、各地に次々と民族学校が設立されていきました。朝連の指導下にあった学校数は、一九四七年時点で初等学校が五四一校（児童数五万七九六一人）、中等学校が七校（生徒数二七六一人）、高等学校が八校（生徒数三五八人）でした。しかし一九四八年に入り、日本の文部省がこのような民族教育を否定する動きを見せたため、これに反対する抗議運動が起こりました。各地の民族学校に対する閉鎖命令が次々に出される中、一九四八年四月に神戸と大阪では、後に「阪神教育闘争」と呼ばれる大規模の抗議運動が起こります。神戸では四月二四日に非常事態宣言が出されて一六六四人が検挙されたほか、四月二六日に大阪では、抗議行動に対する警察の発砲によって、一六歳の金太一《キムテイル》少年が射殺されています。

神戸での抗議運動は、占領軍のアイケルバーガー第八軍司令官の主導のもと強行鎮圧されたのですが、歴史学者の文京洙《ムンギョンス》は、そのような強行姿勢がとられた背景には、同年五月一〇日に南朝鮮で予定されていた単独選挙に対する朝鮮半島での反対運動と在日コリアンの抗議運動が結びつくことに対する懸念があったと見ています。この五月に実施された南朝鮮での選挙は、南北分断を決定的なものとする出来事となりました。日本の植民地支配から解放された後、朝鮮半島は三八度線を境にして米国とソ連によって分断占領されていましたが、一九四八年五月一〇日に米国占領下の南朝鮮でのみ選挙が実施され、その後、一九四八年八月一五日に大韓民国（韓国）が、そして同年九月九日に朝鮮民主主義人民共和国（北朝鮮）がそれぞれ樹立されていったのでした。

(2) 在日コリアンおよび日本のキリスト教界の反応

ここまで、戦後において「日本国民」が形成される中、在日コリアンがどのように日本国憲法による人権保障の対象から排除され、また民族教育が抑圧されたのかについて見ました。現在までのところ、これらに対して日本キリスト教界から何らかの反応があったことを示す資料は見つかっていません。他方、在日コリアン・キリスト教界が示した反応についての資料は、ほんのわずかですが、存在しています。例えば、阪神教育闘争に関しては、一九四八年五月二九日付のＫＣＣＪの『キリスト新聞』に「神戸事件は朝鮮基督者の責任」と題した記事が掲載されており、当時ＫＣＣＪの総会長であった呉允台《オユンテ》牧師による次のような談話が掲載されています。

> 我ら朝鮮人基督者の精神指導の不充分の為に今度の様な神戸事件と言われるものが起つた事は誠に残念に思う、之は民族の罪であり基督教会の責任である、今後一層福音伝道の使命を覚える所以である、併し何と云つても朝鮮人伝道者は極めて少い、連合国、日本の基督者の援助を願いたい、朝鮮人の中に基督者が多かつたならば、今度の様な事件も起らなかつたであろうと思う

ここに登場する「神戸事件」とは、先述の一九四八年四月に起こった阪神教育闘争のことを指しています。この談話の中で呉允台は、神戸における抗議運動を「民族の罪」であるとしていますが、それは非常事態宣言が出されるほどに激化したことに対する発言であり、在日コリアンの民族教育

に関する権利自体を否定したものではなかったと考えられます。後に触れるように、民族教育への弾圧に反対する姿勢を見せた在日本韓国ＹＭＣＡの当時の理事長は呉允台でした。なお呉は、キリスト者が多く存在していたなら、今回のような事件は起こらなかったであろうと述べていますが、阪神教育闘争の参加者の中にはキリスト者もいました。朝連の兵庫県本部委員長であった朴柱範《パクチュボム》です。朴は、阪神教育闘争の責任を問われて逮捕され、一九四九年一一月二五日に病気のため仮出所しますが、その四時間後に亡くなっています。戦後どの教会に所属していたのかは不明ですが、朴は一九三〇年代の兵庫における朝鮮人教会の形成において重要な役割を担った人でした。朝連において朴と共に活動していた徐元洙《ソウォンス》は、「〔朴柱範〕先生は社会思想家でクリスチャンでした」（徐元洙「日本政府に謝罪と名誉回復を求める」『在日一世の記憶』）と回想しています。

ところで、この『キリスト新聞』の記事には、阪神教育闘争に対する編集部あるいは日本人キリスト者の見解は全く掲載されていません。『キリスト新聞』の編集部には同談話の掲載にあたって何らかの意図があったと考えられますが、それが何であったのかについては不明です。ただ記事の表題を「神戸事件は朝鮮基督者の責任」としている中に、編集部の意図が表されているのではないかとも考えられます。

民族教育への弾圧に関しては、在日本韓国ＹＭＣＡも一九四八年五月七日に開催された総会において、民族教育への弾圧を日本各地で推進する日本政府に対して「警告」を発することや、この問題に対する同ＹＭＣＡの立場を明らかにするための声明書を発表すること、四月二七日付の各新聞に掲載されたアイケルバーガー第八軍司令官の言動に対する進言書を本人に直接提出することなどを決議しています。これを受け、五月一一日に開催された同ＹＭＣＡの理事会において、声明書作成発行委員のメンバーが選定されましたが、この声明書の発表を含め五月の総会で決議された事項が実行されたのかどうかについては、資料的には現在までのところ確認できていません。

　日本政府による日本国籍の剝奪に対しては、在日コリアン・キリスト者が何らかの反応を示したことを裏付ける資料は確認されていませんが、国籍自体について在日コリアン・キリスト者がどのような考えをもっていたのかについて垣間見える資料が一つあります。講和条約発効以前に出された一九五一年一〇月一五日付のＫＣＣＪ機関紙『基督申報』に掲載された「動乱と講和日本に就いて」と題した無記名の記事です。同記事の中で、その内容から『基督申報』の編集に携わっていた羅曾男《ナジュンナム》と推定される筆者は、「目下日本政府は講和後の外国人に対する対策を考案中であるが、一朝事ある場合に強制退去を命じ得ないから、その便宜のために在留韓国人を外人として取扱いをするといつて、うそぶいているのであります。国際慣習上、韓国人を外人取扱することは当然であるにも拘らず」と記しています。この文書からもわかるように羅は、韓国人は独立国家である大韓民国の国民であるので当然外国人であると考えていたのでした。

　戦後一貫して朝連をはじめとする主要民族団体は、「外国人」（あるいは解放国民）としての処遇を求めつつ、同時に在留権の保障や生活権など在日コリアンの権利擁護運動を展開していました。したがって、こと「外国人」としての位置づけに関しては、外国人登録令の公布・施行に際して、あるいは講和条約の発効に伴う日本国籍の喪失に際して強い反発を示すことはありませんでした。これまでのところ羅曾男が記した文章しか参照することができていませんが、在日コリアン・キリスト教界においても、恐らく同じような立場の人たちが多かったのではないかと推測されます。

ここまで在日コリアンが排除されていった過程において、在日および日本のキリスト教界がどのような反応を示したのかについて見てきました。日本キリスト教界に関しては、それに関連した資料を見つけ出すことはできませんでしたが、そのこと自体に在日コリアンをめぐる問題に対する当時の日本キリスト教界の姿勢が如実に表されていると言えるかもしれません。

第二節　冷戦体制と在日コリアン・キリスト教界

(1)　KCCJの名称変更

冷戦体制は、朝鮮半島の状況では南北分断として表れましたが、そのことがKCCJのあり方に対しても影響を及ぼしています。その一つの象徴的な出来事がKCCJの名称変更です。KCCJは、その第四回定期総会（一九四八年一〇月）において、名称を「在日本朝鮮基督教会総会」から「在日本大韓基督教会総会」へと変更しています。この総会の参加者のうち二人がその時のことを回顧した文章を残していますが、そのうちの一人は、当時KCCJの総会書記であった織田楢次（韓国名：田永福《チョンヨンボク》）であり、もう一人は京都教会長老であった兪錫濬《ユソクチュン》です。織田によれば、一方には韓国の李承晩《イスンマン》大統領の支持者がおり、民族を代表する教会名として「在日本大韓」に変更することを支持し、もう一方には若い世代を中心に、キリストは世界の主であり、韓国に偏ることは教会の本質とは相容れないことであり、また、北朝鮮を支持する人々を伝道する際に障害になるとして教団名を変更しないことを支持する人々がいました。

一方、兪錫濬は、投票した五五名中賛成が二八名、反対が二七名の一票差で名称変更が決定されたと述べています。また、若い世代の教職者や青年たちが、南北のうちの片方を支持するのではなく、中立の立場をとるべきだと主張したのに対して、反共主義思想をもった人たちが名称は大韓民国に従うべきであると主張したとしています。

二人の記録は概ね一致していると言えますが、二人の証言からは、若い世代を中心に南北分断の政治情勢にあって中立を保とうとする声がKCCJ内に強く存在していたことを知ることができます。なお、在日本韓国YMCAも大韓民国の樹立後にその名称を「在日本朝鮮YMCA」から「在日本韓国YMCA」に変更しています。

(2)　KCCJの機関紙と反共主義

KCCJは、その第三回定期総会（一九四七年一〇月）において、機関紙の刊行に向けて準備を進めることを決定しましたが、そのことが実現したのは一九五一年のことでした。すなわち、一九五一年七月一〇日に機関紙『基督中報』が創刊され、月三回ほどのペースで発行されていきます。その後、一九五二年八月に『基督新報』、一九五三年四月に『福音新聞』とその名称が変更されます。創刊後、財政的な理由により、一二九号を最後に一時期刊行が途切れますが、その後、再発行に向けての努力がなされる中、月刊紙として一九五八年一一月一四日に『福音新聞』第一三〇号が発行され、現在に至っています。

一九五一年七月における『基督申報』の創刊とその継続発行が可能となったのは、ジェームズ・フィッシャー（James Fisher）という名の人物の支援があったからでした。例えば、『基督申報』関連の一九五二年五月の総収入二八万一六五七円のうち、一八万円がフィッシャーからの補助金でした。このフィッシャーからの補助金が一九五四年六月を最後になくなったことで、先に見たように機関紙の発行を継続できない状況に陥ったのでした。

ところで、このフィッシャーとはどのような人物であり、なぜＫＣＣＪを支援したのでしょうか。兪錫濬はその著書『在日韓国人の悲しみ』の中で、フィッシャーともう一人の人物・張利郁《チャンリウク》が「亜細亜文化財団」関係の仕事のため東京に駐在しており、この財団より支援を受け、『基督申報』が刊行されることになったと記しています。上述のフィッシャーからの支援金は、この財団からのものだったのでした。

ではこの「亜細亜文化財団」とは、どのような団体だったのでしょうか。ここで、兪が触れていた張利郁という人物に注目したいと思います。張は、ソウル大学総長などを歴任した人物でしたが、朝鮮戦争時（一九五〇〜一九五三年）には国連軍総司令部放送（ＶＵＮＣ）に勤務し、東京にも駐在していました。このＶＵＮＣとは、中国大陸や朝鮮半島に向けた心理戦のためのラジオ放送でした。張利郁が書いた『私の回顧録』という本によると、『基督申報』の刊行を支援したのは「アジア財団」（The Asia Foundation）であり、この財団とＫＣＣＪを結びつける役割を担っていたのが張でした。

アジア財団は、心理戦を展開してアジアにおける共産主義の拡大を阻止するためにＣＩＡが設立した組織でした。一九五一年に自由アジア委員会（ＣＦＡ）という名称で設立され、一九五四年に名称をアジア財団と変更しています。

このアジア財団とＫＣＣＪの橋渡しをしたのが、上記の張利郁とフィッシャーだったのでした。フィッシャーは、一九一九年一〇月に、米国の南メソジスト監督教会の宣教師として朝鮮に赴任し、延禧専門学校（現・延世大学）で英語や心理学を教えています。その後、米国に帰国しますが、一九四六年一月に米軍占領下の朝鮮に再び赴き、米軍政庁の教育関連部門で働いています。朝鮮戦争時には、東京に置かれていた国連軍参謀部（the US Section of the UN General Staff in Tokyo）で心理・宣伝戦に従事しました。韓国の歴史学者である安鍾哲《アンジョンチョル》によると、フィッシャーは米軍政庁時代に韓国に民主主義教育を定着させる上で重要な役割を担った人物でしたが、その民主主義の重要な尺度は米国式の市民的自由であるとする一方、全体主義をこれとは正反対のものとみなしていました。

兪錫濬によれば、フィッシャーと張利郁の二人は、『基督申報』の記事に干渉し、反共主義的な記事を多く書かせようとしました。『基督申報』には、フィッシャーや張利郁自身も論説などを寄稿しており、特にフィッシャーは連載記事をはじめ多くの記事を書いています。また、一九五二年に開催されたＫＣＣＪの定期総会への基督申報社の報告によれば、韓国内にあった北朝鮮軍の兵士を収容していた捕虜収容所には『基督申報』五〇〇部が送られていました。フィッシャーと張利郁は、このような形で反共主義を広める心理・宣伝戦の道具として『基督申報』を利用するために、アジア財団を通してＫＣＣＪに補助金を出していたのでした。

先述のように、『基督申報』は一九五三年四月に『福音新聞』と名称を変更していますが、その『福音新聞』の編集方針に対する批判の声が、朝鮮戦争が休戦となった翌年の一九五四年初め頃からＫＣＣＪ内で上がり始めます。これに対してフィッシャーは、一九五四年二月一七日付の『福音新聞』に反論を発表しますが、今度は福音新聞社の専務を務めていた兪錫濬が同じく『福音新聞』（一九五四年三月二四日付）紙上に文章を掲載し、「フィッシャー博士は、共産主義の罪悪的行為を明らかにして攻撃するのがキリスト者の任務であるかのように語る。私たちは、共産主義と同じ手段をもって攻撃し、憎悪心が溢れる呪いのような悪評は、キリスト教の原理とみなすことはできない」と、フィッシャーを批判したのでした。兪のように当時のＫＣＣＪ内には、『福音新聞』の編集方針はあまりにも反共主義に偏っているので、より中立的なものにすべきであるとの見解をもつ人たちが存在したのでした。

フィッシャーを通してのアジア財団からの補助金は、一九五四年六月をもって終わっていますが、上に見たようにその原因は、編集方針をめぐっての対立にあったと考えられます。冷戦状況は、このような形でもＫＣＣＪに影響していたのでした。

先に朝鮮半島の南北分断という状況の中、大韓民国の樹立直後にＫＣＣＪの名称が「在日本大韓基督教会総会」に変更された際にもＫＣＣＪは中立的な立場に立つべきだとする意見が強くあったことを見ましたが、朝鮮戦争を経験した時点においても、ＫＣＣＪ内には過度の反共主義を戒める見解が存在していたのでした。

(3) アジア財団と在日本韓国ＹＭＣＡ

ＫＣＣＪだけでなく、在日本韓国ＹＭＣＡもアジア財団からの補助金を受け取っています。東アジア国際政治史やメディア史などを専門とする小林聡明によると、共産主義者による在日コリアン学生に対する宣伝活動が広まる中、一九五三年秋頃から共産主義者に対抗する宣伝戦を行う上での在日本韓国ＹＭＣＡの有用性が米国政府内で認識されるようになり、支援方法についての検討の結果、アジア財団が支援を行うこととなったのでした。実際、一九五四年に在日本韓国ＹＭＣＡは、アジア財団から二五〇万円を寄付金として受け取り、それをもとに建物の改修工事をはじめ図書室や食堂の設置などを行なっています。

ところで、在日本韓国ＹＭＣＡにもフィッシャーは関わりをもっていました。一九五五年七月から米国に帰国する一九五六年三月までの間、フィッシャーは在日本韓国ＹＭＣＡの理事を務め、アジア財団との橋渡しを行なっていたのでした。

第三節　北朝鮮への帰国事業と日本および在日コリアン・キリスト教界

(1) 帰国事業の概要と背景

一九五八年八月から在日コリアンによる北朝鮮への帰国運動が本格的に始まり、全国的に広まっていきます。そうした中、翌年一月に日本赤十字社（日赤）の理事会が帰国問題は「人道問題」であるとし、その早期解決を訴えたのを受け、翌月の一三日に日本政府は帰国者の出国を許可することなどを閣議で了解します。その後、日朝の赤十字間で交渉が進められ、八月一三日に帰還協定の調印がなされた後、一二月一四日に最初の帰国船が北朝鮮に向けて新潟港を出港しました。この一九五九年一二月から最後の帰国船が出航した一九八四年七月までに帰国した人々は九万三三四〇人（うち日本人妻を含む日本籍者は約六八〇〇人）であり、その中には日本生まれの二世（あるいは三世）も多く含まれていました。

帰国事業を推進するにあたっての日本側（日赤および日本政府）の思惑は、在日コリアンの「厄介払い」であったと考えられています。歴史学者の高崎宗司によると、日本側が在日コリアンの帰国を希望した理由には、在日コリアンに生活保護を受けていた人々や貧困の中で犯罪者となる者が多かったこと、そして、共産主義者が多いとみなされていたことなどがありました。一方、在日コリアン側が帰国を望んだ主な理由には、生活苦や社会主義祖国への憧れ、子どもの将来への不安などがありました。帰国事業に関する研究者である菊池嘉晃は、上記の主要なもの以外にも様々な理由を挙げていますが、多くのケースでそれらは日本社会における在日コリアンに対する民族差別や排除と深く関係していたと指摘しています。

この点についてもう少し触れておくと、当時日本企業への就職は民族差別のため難しく、一九五二年の日本国籍喪失以来、在日コリアンは公務員や郵便局など公共機関の職員になることもできませんでした。また様々な社会保障や社会福祉制度からも除外されていました。そのような中、在日コリアンの生活は不安定なものとなり、生活保護率も非常に高い状態にありました。帰国事業に関連して歴史学者の金《キム》耿昊《キョンホ》は、「在日朝鮮人の生活困窮者のうち相当数が日本での生活を放棄して帰国の道を選ぶことになった」が、「その背景には、……解放直後から一九五〇年代に幾重にも積み重ねられた日本社会の朝鮮人差別の結果として顕在化・深刻化し、『生活不能』にさえ至る生活困窮の問題が存在した」（金耿昊『積み重なる差別と困窮』）と指摘しています。

(2) 日本キリスト教界の反応

日本のキリスト教界は、帰国事業に関しては比較的に高い関心を見せました。実際、戦後において、まとまった形で日本のキリスト教界が在日コリアンに関心を示したのは、このときが初めてでした。『朝日新聞』など日本の各新聞は一九五九年一月末以降、この件について大きく取り上げるようになっていきましたが、キリスト教系の新聞もその頃からこの件に関連する社説や記事を掲載し始めていきます。

その最初のものは、『キリスト新聞』（一九五九年二月七日付）の社説「キリストにあってお願いします」でした。そこでは、北朝鮮への帰国事業に反対する韓国の態度について、「何ともいえぬ不快なものを含んで」おり、「嫌悪すべきものがある」とする一方、帰国事業については、「信仰的に見ても、これは美しい政策」であり、「祖国に帰りたい者を送り返してあげるということは、誠に心あたたまる話ではないか」と支持を表明しています。同社説の最後は、李承晩大統領や韓国のキリスト者に対する、「その信仰と、同胞に対する愛をもって、人間の基本的権利を尊び、その自由を重んじ、北鮮《ママ》帰国希望者が無条件に帰れるように助けてください」との文章で締めくくられています。

その後、同じく一九五九年二月に『キリスト新聞』および『基督教新報』（日本基督教団の機関紙）に帰国事業に反対する在日コリアン・キリスト者の意見を含んだ記事が掲載された後（後述）、同年八月までこの両紙にはこの件に関する記事は掲載されていませんが、『福音と世界』一九五九年三月号に掲載された短い政治時評で、学習院大学教授であり、日本基督教協議会社会問題委員会の専門委員なども務めていた飯坂良明が帰国事業について触れています。同時評で飯坂は、この問題は人権問題であるが、軌道に乗りつつある日韓会談が頓挫してしまわないよう慎重に進めていくべきであると主張しています。基本的には飯坂も帰国事業自体には賛成の立場にあったと言えます。

その後、日朝の赤十字が帰還協定に調印した日の前日である八月一二日付の『キリスト新聞』に帰国事業をテーマとした社説が再び掲載されています。そこでは、帰国事業は韓国政府が主張するような「強制追放」でないことは、帰還を「熱望」する在日朝鮮人の姿を見れば明らかであり、それは、「戦後におけるもっとも人道的な、良心的な方策であり、常に人間の悪意と憎悪とを含んでいる国内政治と国際政治とを超越した善政である」としています。

一方、一九五九年九月一二日付の『基督教新報』の「論説」では、帰国事業に反対する韓国基督教連合会（現・韓国基督教教会協議会）の主張について論評した後、帰国事業が「できるだけ円満の中にトラブルが少なく実施されることは、日本のキリスト者たちも心から望むところである」と記し、基本的に同事業を支持する立場にあることを明らかにしています。

さらに一二月二五日付の『キリスト新聞』では、一九五九年一二月一四日に最初の帰国船が新潟港を出港したのを受け、コラム「望楼」欄で帰還事業に触れ、「帰還には人間的に美しい情景が各処に展開されている」とするなど、帰国事業の正当性を強調しています。

『朝日新聞』および『産経新聞』における帰国事業関連の報道（社説・記事）を分析した高崎宗司によれば、両紙ともに日赤と日本政府による帰国事業は「人道的」なものであると無批判的に支持すると共に、同事業が在日コリアンの人権に関わる問題であると報じる一方、これに反対する韓国を「非人道的」であると非難しました。上に見たように、日本のキリスト教系新聞の論調も基本的にはこれと軌を一にするものであったと言えます。

高崎は、在日コリアンが帰国を希望する背景について報道することで『朝日新聞』や『産経新聞』が在日コリアンの置かれた状況を日本社会に知らせる役割を担った側面があることも認めていますが、在日コリアンが日本に存在するその歴史的背景あるいは在日コリアンに対する日本の歴史的責任についての言及はなされなかったと指摘しています。この点に関しては、次項で見ることになるように、『キリスト新聞』や『基督教新報』では、在日コリアン・キリスト者の主張の中でそのことにも触れられていましたが、それが両紙の論調に影響を与えた形跡はありません。次にその点について見ておきたいと思います。

(3)　在日コリアン・キリスト教界の反応

先にも触れたように、一九五九年二月の『キリスト新聞』および『基督教新報』誌上にそれぞれ一度ずつ帰国事業に反対する在日コリアン・キリスト者の主張が掲載されています。二月二一日付の『キリスト新聞』には、二月一九日にＫＣＣＪ東京教会の青年たちと日本のキリスト者たちとの間でもたれた懇談会についての報告記事が掲載されています。そこでは、帰国事業に対するＫＣＣＪの青年たちの主張が記者によってまとめられ、記載されています。そのうちの一つは、戦時中に強制徴用されて来た人たちが学歴その他の理由で慢性的失業状態にあるが、そのことに対する対策を日本政府が何ら講じることなく、失業者だからと帰国させることが人道的であると言えるのだろうかと帰国事業に対する疑義を投げかけるものでした。これは、一般社会と同じく帰国事業は人道的であるとする日本キリスト教界とは真逆に位置する見解であったと言えます。

一方、二月二八日付の『基督教新報』誌上では、同紙主筆の宮内彰が聞き手を務めて行われたＫＣＣＪ東京教会牧師の呉允台への「日韓問題」に関するインタビュー記事が掲載されましたが、その内容は帰国事業に関するものでした。同インタビューでは、日本に駐在するあるスイスの新聞の記者が帰国事業に関しては日本の立場が正しいと述べており、大部分の日本人も同じ立場であるとする宮内に対し、呉は在日コリアンが日本に居住するようになった歴史的背景や在日コリアンの生活が困窮している状況とその背景などについて概説した後、「このようにして強制または半強制でつれて来た人たちを、今になって役に立たなくなったから、犯罪の温床になっているから送り返すということは、こんどの送還が人道主義の立場からだと歌《ママ》われているだけにわりきれぬものを私たちは感じている」、日本側が在日コリアンに職を与える努力をしても「なお法を犯す者はどしどし送還すべきですが生活の安定を考えてくれないでいて厄介者払いするように送還するということは少し筋が通らないと思います」と述べています。呉は率直な言葉としては述べていませんが、在日コリアンの問題は、日本の植民地支配に起因する歴史的責任の問題であり、その責任を「厄介払い」する形で回避すべきではないと訴えたのでした。

翌月の三月一〇日には、ＫＣＣＪと在日本韓国ＹＭＣＡが連名で、帰国事業に反対する声明書を発表しています。声明書は、日本による朝鮮の植民地支配期になぜ在日コリアンが日本に移住するようになったかについての歴史的背景や一九五二年の国籍喪失以来、在日コリアンが受けてきた差別待遇とその結果としての困窮などに言及した後、「日本政府は過去の斯る非人道的行為に対して何らの人道的償いもせず、却って人道的なる美名の下に北韓共産政権の虚偽、欺瞞的なる数字を取り上げ、北韓送還を敢行せんとする事はあまりにも人道に反する措置であるといわねばならない」と述べています。

このように在日コリアン・キリスト者側からは、帰国事業に対する異論が強く提起されましたが、上に見たように、帰国事業を「人道的」なものとする日本キリスト教界の見解には影響を与えることはありませんでした。

上記のインタビュー記事の中で呉允台が帰国事業に対して疑義を呈した後、聞き手の宮内は、送還は強制ではなく本人らの希望でなされているのではないかと述べています。それに対して呉は、それは生活ができないからであって、生活が安定さえすれば北朝鮮に帰る者はいないであろうと反論しています。それに対して宮内はさらに、「日本も昔とちがって四つの島に九千万がひしめいていて、大学を出ても就職ができない社会情勢では、お国の方方をよくしてあげたくてもなかなかできないのが実状ではないかと思います」と述べています。この宮内の短い発言は様々な意味で興味深いものですが、ここでは、この発言には植民地支配の過去に対する責任意識は見受けられないことだけを指摘しておきます。

この時期の日本のキリスト者の植民地支配に対する認識については、『基督教新報』（一九五八年五月一七日付）の「時事短評」がその当時の認識を垣間見る上で興味深い内容となっています。同文章は、韓国の李承晩大統領に対する嫌悪が誤認を含みつつ強く示された内容となっていますが、それは次のような歴史認識も同時に示しています。

> 李承晩大統領は、いつも感情に支配されて、日韓関係の歴史を無視している。日清戦争の起源は清国が朝鮮は清国の属国であると主張するのに対して、日本の大島圭介公使は朝鮮は独立国である。故に在朝鮮の清国兵は撤退すべきであると主張すると、清国側はこれを否定した結果戦争となり、……結果、清国の敗戦となり、朝鮮は独立国となった。その後ロシヤが満州から朝鮮に進出してきたので、当時仁川港にあるロシヤの軍艦……を撃沈して宣戦布告をした。これが日露戦争である。……第二次戦争まで支那《ママ》は「日本は満州朝鮮を掠奪した」と幼稚園の子供から唱歌に歌わせて排日をやったのが今回の戦争の原因ともなった。

この文章には、戦前と変わらない歴史認識が示されており、日本による朝鮮の植民地支配に対する責任意識を見て取ることはできません。日本のキリスト教界に朝鮮の植民地支配に対する責任意識が本格的に広まり始めるのは、一九六〇年代半ば以降のことでした。

新潟で帰国運動に携わっていた佐藤勝巳はその著書の中で、帰国運動による帰国者が減りだした頃に帰国船の出航地であった新潟県の一部の町内会長らが「朝鮮人は早く日本から出ていってもらいたいと思って募金に協力しているのに、どうして帰らないのか」との声を公然と上げていたことに触れつつ、次のように記しています。

共和国への帰国が実現した経緯のなかには、ごく少数だが植民地支配の後始末の一つと考えた人もいたし、政治とは関係ない「人道と人権」の問題ととらえた人もいたものの、しかし、圧倒的には、「帰ってくれたら助かる」と考えた人々が大半を占めていたとみるのが事実に近いと思う。残念なことながら、日本の地方議会が、ある日ある時突然、在日朝鮮人の人道と人権に目ざめ、支持決議をしたなどとは、とても考えられる状況ではなかったのである。

ここにあるように、在日コリアンによる帰国運動が始まると一九五九年二月までに多くの地方議会（四七都道府県および二九〇市区町村）が帰国促進を決議しましたが、そうした決議の根底にあったものは、日本政府と同じく在日コリアンの「厄介払い」であったと佐藤は看破していたのでした。では、日本のキリスト教界はどうだったのでしょうか。日本のキリスト教界は、帰国運動が開始されるまで、在日コリアンの人道・人権問題について関心を示したことはありませんでした。また、帰国事業に疑義を呈した在日コリアン・キリスト者からの訴えがその見解に影響を与えた形跡もありません。さらには、その後、日本キリスト教界が継続して在日コリアンの人権問題に関わったという形跡もありません。日本キリスト教界が在日コリアンの人権問題に関心をもち出したのは、一九六〇年代後半からでした。これらのことを考慮すれば、日本人キリスト者が帰国事業に賛同したのは、意識の上では、それが人道・人権問題であると考えたからかもしれませんが、その根底にあったものは、当時の日本政府や一般社会にあったものとそれほど異なるものではなかったのではないかと考えられます。

おわりに

本稿では、まず参政権の停止や外国人登録令の適用、日本国籍の剝奪といった在日コリアンを「外国人」化し、「日本国民」の枠組みから排除していった日本政府による一連の政策に関しては、在日コリアンおよび日本のキリスト教界が直接それに反応したことを示す資料は現在までのところ見受けられないことを確認しました。在日コリアンのキリスト者側からは、在日コリアンの国籍に関する見解を示した記事が一本だけ『基督申報』に掲載されていますが、同記事の筆者は在日コリアンが外国人とみなされることを当然視していました。これは、同時期の在日コリアン一般の見解と一致するものでした。ここで強調しておきたいことは、在日コリアンの「外国人」化を目指すという点では日本政府と在日コリアンは一致していましたが、前者においてそれは人権保障の対象からの排除をも意味しており、その点では生活安定のための運動を展開していた後者とは大きく異なる方向のものであったという点です。
民族教育に対する弾圧に対しては、阪神教育闘争が激化したことに対するＫＣＣＪ総会長・呉允台の批判的発言が談話という形で『キリスト新聞』に掲載されたほか、在日本韓国ＹＭＣＡが民族教育への弾圧に批判的であったことを見ました。

本稿では次に、南北分断がＫＣＣＪの名称変更および『基督申報』（一九五三年四月より『福音新聞』）にどのような影響を及ぼしたのかについて検討し、『基督申報』の刊行とその編集方針に反共主義を広めようとする米国政府の思惑が深く関わっていたことを明らかにしました。また、教団名の変更に際してはＫＣＣＪ内にも中立であるべきとする意見が強く存在し、『福音新聞』の編集方針に関しても、それがあまりにも反共主義的であるとの批判がＫＣＣＪ内に存在していたことを見ました。このようにＫＣＣＪは、反共主義一辺倒というわけではなかったのでした。

最後に本稿では、帰国事業に対する在日コリアンおよび日本のキリスト教界の反応について見ました。日本のキリスト教界が在日コリアンに対して比較的に高い関心を示したのは、この帰国事業の時が最初でした。日本人キリスト者は、帰国事業を「人道的」なものであるとし、それに反対する韓国を強く批判しました。これは、日本の一般紙と同様の論調であり、異なる点があるとすれば、「信仰的に見ても」などキリスト教的な修辞が用いられていた点だけであったと言えます。一方、在日コリアン・キリスト者は、植民地支配の責任問題や在日コリアンに対する差別的待遇の問題に触れつつ、帰国事業が「人道的」であるという見解に対して疑義を唱えましたが、それが日本のキリスト教界に影響を与えることはありませんでした。

本稿では、それまで在日コリアンの人道・人権問題に関心を示すことのなかった日本のキリスト教界が突如、帰国事業に関心をもつようになり、それを「人道的」なものであるとして支持したことや在日コリアン・キリスト者の訴えに真摯に耳を傾けた形跡がないことなどを確認し、そうした姿勢を日本キリスト教界がとった根底には、政府や一般社会同様、在日コリアンを「厄介払い」したいとの思いがあったのではないかとの見解に至りました。

この当時の日本のキリスト教界の中に植民地支配への自らの責任問題を問うた形跡は見られません。そうしたことの中に、戦後在日コリアンを「外国人」化して排除しつつ、また植民地支配の責任を回避しつつ進められた新しい「日本国民」の形成に取り込まれていった日本のキリスト教界の姿を見て取ることができるのではないでしょうか。

注

（1）本稿は筆者の「在日コリアンをめぐる戦後社会体制とキリスト教界」『富坂キリスト教センター紀要』一二号（二〇二二年三月）、一九九―二一六頁を一般読者向けに加筆・修正したものです。

参考文献

『キリスト新聞』、『基督教新報』、『基督申報』、『福音新聞』、『福音と世界』、『KCCJ定期総会会録』（一九四七〜一九五九年）、「在日本韓国YMCA理事会会録」（一九四八〜一九五九年）、「在日本韓国YMCA総会会録」（一九四八年）。

安鍾哲『米国宣教師と韓米関係』韓国キリスト教歴史研究所、二〇一〇年〔韓国語〕。

李相勳「五・一六と軍事政権に対する日本キリスト教界の対応」『韓国キリスト教と歴史』第五六号（二〇二二年三月）〔韓国語〕。

李清一『在日大韓基督教会宣教100年史――1908〜2008』かんよう出版、二〇一五年。

小熊英二『単一民族神話の起源――〈日本人〉の自画像の系譜』新曜社、一九九五年。

小熊英二・姜尚中編『在日一世の記憶』集英社新書、二〇〇八年。

織田楢次『チゲックン――朝鮮・韓国人伝道の記録』日本基督教団出版局、一九七七年。

姜在彦・金東勲『在日韓国・朝鮮人――歴史と展望』改訂版、労働経済社、一九九四年。

菊池嘉晃『北朝鮮帰国事業の研究――冷戦下の「移民的帰還」と日朝・日韓関係』明石書店、二〇二〇年。

木宮正史『国際政治のなかの韓国現代史』山川出版社、二〇一二年。

金耿昊『積み重なる差別と貧困――在日朝鮮人と生活保護』法政大学出版局、二〇二二年。

小林聡明「CIA・米慈善団体・在日支援――一九五〇年代中葉を中心に」『抗路』第七号（二〇二〇年七月）。

佐藤勝巳『わが体験的朝鮮問題』東洋経済新報社、一九七八年。

高崎宗司・朴正鎮編『帰国運動とは何だったのか――封印された日朝関係史』平凡社、二〇〇五年。

張利郁『私の回顧録』セムト社出版部、一九七五年〔韓国語〕。

阪神教育闘争五〇周年記念神戸集会編『忘れまい4・24――阪神教育闘争50周年記念誌』阪神教育闘争五〇周年記念神戸集会、一九九八年。

水野直樹・文京洙『在日朝鮮人――歴史と現在』岩波新書、二〇一五年。

文京洙『在日朝鮮人問題の起源』クレイン、二〇〇七年。

兪錫濬『在日韓国人の悲しみ』クムラン出版社、一九八八年〔韓国語〕。

柳東植『在日本韓国基督教青年会史』在日本韓国基督教青年会、一九九〇年〔韓国語〕。

尹健次『民族幻想の蹉跌――日本人の自己像』岩波書店、一九九四年。

尹健次『日本国民論――近代日本のアイデンティティ』筑摩書房、一九九七年。

第五章　剣を取るものは剣で滅びる

――伊江島土地闘争と「沖縄キリスト教会」の交流

福山　裕紀子

はじめに

この原稿を書いている二〇二四年現在も沖縄の在日米軍基地問題とその被害は起き続けています。二〇二四年六月に沖縄県内で米軍による性暴力事件が再び繰り返され、事件そのものが外務省から隠匿されていたことがわかりました。また、八月二〇日には県の意向を全く無視し大浦湾を埋め立てる工事が強行されています。こうした現実の中、果たして「戦後」という枠組みが沖縄の現実にふさわしいでしょうか。

現在も進行している沖縄島の辺野古の新基地建設や高江のヘリパッド使用、また昨今では「南西シフト」と称して与那国島、石垣島、宮古島で自衛隊基地の急速な拡大や建設があり、各地で反基地運動が行われています。

沖縄の反基地運動は「座り込み」という直接行動が行われてきました。「座り込み」は、一九五〇年代に起こった土地闘争から現在まで沖縄の運動で継承されてきた抵抗・抗議の方法です。占領下から現在までつづいている米軍基地問題に抗う運動はこれまでいくつも行われています。そして、運動は互いに関係し、影響を受けながら、理念を受け継いできました（阿部小鈴「第5章　社会運動と平和」『沖縄平和論のアジェンダ』一三五―一三七頁）。

辺野古の海上で阻止行動をする不屈船の船長で、日本基督教団佐敷教会の牧師である金井創さんは、辺野古の運動で大切に守られていることをいくつか挙げています。その一つが、非暴力です。


私たちの行動は徹底した非暴力で行うことを確認しあってきました。伊江島《いえじま》の阿波根《あはごん》昌鴻《しょうこう》さんが米軍に奪われた土地を取り返していく交渉で徹底したのも非暴力です。「剣を取るものは剣で滅びる」というイエス・キリストの言葉をかかげ、しかもかかげるだけでなく実践していった阿波根さんの精神を辺野古でも受け継いでいます。（金井創『沖縄・辺野古の抗議船「不屈」からの便り』一九二頁）

ここで紹介されている阿波根昌鴻さんはキリスト者（クリスチャン）であり、一九五〇年代から伊江島での米軍による強制土地接収において声をあげ抵抗をした住民の一人です。金井さんは阿波根さんの聖書の言葉に基づいた非暴力のあり方が、沖縄で続けられてきた運動の倫理として受け継がれてきたと紹介しています。そして沖縄の今の運動の場にも、沖縄県内外のキリスト教信仰を持つ人々が参加してきました。運動の場は、聖書の言葉を現実の中で解釈し、信仰を持って現実に対峙してきた人々の切なる祈りの場でもあるのです。では、そのキリスト教と沖縄の運動はいつ出会い、どのようにつながってきたのでしょうか。

この論文では、その問いにこたえるために、沖縄が米軍に占領された直後から、島ぐるみ闘争が起きる一九五六年までを対象にします。この島ぐるみ闘争は、「一九五六年五月の住民側の〈土地を守る四原則〉を踏みにじった「プライス勧告」の発表をきっかけに、沖縄全域に爆発的な勢いで広がった大衆運動」（琉球新報社ＨＰ「沖縄用語辞典」二〇〇三年三月一日 https://ryukyushimpo.jp/okinawa-dic/prentry-41600.html。二〇二四年八月三〇日閲覧）です。この島ぐるみ闘争に至るまでも、沖縄の人々は米軍に奪われた土地を取り返すための抵抗を行なっていました。それを、「土地闘争」といいます。その土地闘争、特に伊江島の闘争には当時のプロテスタントの超教派団体「沖縄キリスト教会」の宣教師たちや理事たちが関わったことが明らかにされています。この土地闘争が沖縄のキリスト教が最初に接触した闘争です。しかし、「沖縄キリスト教会」に協力を求めた阿波根昌鴻さんは、当時の「沖縄キリスト教会」からは「どこでもアメリカ軍を極度におそれて我々の期待するほどに協力は得られませんでした」（『27度戦の南から』二一三頁）と評価しており、日本基督教団沖縄教区は「沖縄の基地が、沖縄社会の矛盾の根源であり、その基地に依存せざるを得ない自らの体質を問題にすることができなかったことは、確かなことである」（『27度戦の南から』一七八頁）と批判的に記述しています。では「沖縄キリスト教会」の人々は何を協力し、またできなかったのでしょうか。本稿では先行研究の内容に加えて昨今発見された伊江島の土地闘争の資料や「沖縄キリスト教会」の理事の手記も新たに用いて、土地闘争の状況と重ねながら、当時の「沖縄キリスト教会」の動向を再度整理し、そこから見えてくる変化について述べたいと思います。

第一節　沖縄の占領下の状況――地域社会と教会

沖縄では一九四四年末の時点ですでに、牧師の本土疎開や日本軍による教会堂徴用によって実質的にキリスト教の教会は活動停止となっていました。一九四五年の三月二六日に慶良間諸島へ米軍が上陸し、その後も四月一日沖縄島の読谷村に上陸、沖縄島の南北に戦闘は広がりました。組織的な戦闘は六月二三日に終わったとされていますが、九月七日の日米軍同士の降伏文書調印式で正式に武装解除となるまで戦闘は続きました（原、一九九八）。

沖縄の住民は日本軍と米軍の双方に巻き込まれながら戦禍を逃げ惑い、飢えやマラリアにも苦しめられながら凄惨な地上戦を経験しました。この地上戦は、本土決戦の捨て石となるべく、沖縄の住民に対しても「天皇の軍隊」として「軍官民共生共死」をイデオロギーとして強いられたものでした。このイデオロギーによって日本軍が住民を虐殺し、集団強制死を強制し、餓死、疎開中の遭難、マラリア禍による死など凄惨な状況を生み出したのです（若林、二〇一五）。

戦禍の中生き延びた住民たちは、米軍によって収容所（沖縄島一二箇所、他四箇所）に収容されました（一色、二〇一〇）。上陸直後から収容所でも米兵による強かん事件は起こり、住民を収容した米軍は、住民にとって解放軍ではありませんでした（基地・軍隊を許さない行動する女たちの会、二〇一六）。米軍にとって沖縄は、日本降伏のための太平洋戦線の到達地点と軍事上の新拠点でしかなく、日本に代わる新しい統治者となったに過ぎませんでした。米軍による統治は、日本軍の沖縄統治と連続している部分が多々あります。その一つが軍事基地です。日本軍が戦争末期に沖縄で行なった「全島要塞化」により飛行場の建設が相次ぎましたが、米軍はその飛行場を占領した後、直ちに大規模な修復・拡張工事を進めました。沖縄の住民が収容されている間もその軍事基地の強化が行われ、やがて収容所から元の居住地に帰るように命令が出されても、米軍によって土地を占領されているため帰村できない人もいました（若林、二〇一五）。

収容所にいる間も、米軍の基地建設計画の再編によって、収容所にいた住民たちは強制移住を強いられ、農耕地が軍用地にされたため食糧難にも悩まされました。そして、沖縄の島の地形や地理的要因から、飛行場や弾薬貯蔵庫など軍用地にされた土地は、「米や芋が作れる田畑しかなかった」（『沖縄県史資料編一四』一四一頁）ために、戦前からの農業従事者は仕事場を失いました（林、二〇一四）。以上のように、米軍の占領は、住民の存在を全く無視して行われ、その後の住民の生活についても考慮されているものでは決してありませんでした。

第二節　占領下の「沖縄キリスト連盟」の誕生と「沖縄キリスト教会」への変遷

戦火を生き延びてきた沖縄のキリスト者、その大多数は信徒たちでした。当時、沖縄に留まり続け、生き延びた沖縄の牧師は三人だけです。そのような中で、収容所ではすでに一九四五年の五～六月ごろまでに、信徒たちが戦火の中を大事に持ってきた聖書で礼拝が始められたと言います。その信徒たちも、牧師も、誰もが肉親や友人を失い、飢えに苦しみ、占領という状態を生きる不安の中にいました。収容所には、もはや教会と社会、信徒と牧師という区別もありませんでした。沖縄の戦後の教会は、信徒の教会として始まっていきました（『27度線の南から』一五〇―一五二頁）。

収容所での礼拝が行われ、信徒たちはそれぞれに互いに連絡を取り合いやがて緩やかな連合体となっていきました。戦前からの信徒、収容所で洗礼を受けた人など占領下に信徒になった人もいました。そして、軍のチャプレンの後押しもあって教会の再建の歩みが始まっていきました。そして、一九四六年には「沖縄キリスト連盟」が設立されました。この連盟の設立の起源には、軍政府への協力機関として沖縄の住民代表が集められた沖縄諮詢《しじゅん》会の文化部の存在があります。文化部長である当山正堅《とうやませいけん》は、戦前からのキリスト者であり、収容所時代に経験した人々の精神的荒廃を見、沖縄の人々の精神の建て直しを先決と考えていました。ただ、この文化部も、従軍チャプレンの監督のもと宗教政策が行われましたし、顧問には軍政副長官と軍政府牧師、民生府知事が就いているため、軍との関係は密接であったことがうかがえます（一色、二〇一〇）。

　また文化部長は事務局員の任命を行えたので、当山は各地のキリスト教指導者や教育者、公務員を文化部の職員としていきます。当山の任命と文化部への雇用によって離散していたキリスト者たちが文化部の職員として集められたことがきっかけで、一九四六年の沖縄キリスト連盟の設立に繋がっていきました。沖縄キリスト連盟の初代理事長には同じく沖縄諮詢会文化部長の当山が就任しました。連盟は、文化部の「実働隊」であったといえます。一九四六年ごろには、戦前から本土で牧会をしていた沖縄出身牧師、また疎開した沖縄出身牧師が帰還し、さらなる沖縄キリスト教化のために、教会の会堂や集会所の建設、また献身者の生活援助を主たる課題としていきました。特に教会堂の建設には、米軍のチャプレンの力によるものも大きく、建築物資の乏しい時代に当時の沖縄の教会の半数近くが何らかの形でチャプレンの協力をもって建設されました。こうした軍との協力関係の中で、教会が沖縄の社会において公にアメリカ軍を批判していくことは難しい現状が作られていきました（一色、二〇一〇）。

　この連盟は、のちに一九五〇年三月北米外国伝道局（ＯＫＩＢ）からの二名の宣教師の来島をきっかけに、アメリカの諸教会との繋がりができたことで、物心共に援助を受けるようになりました（一色、二〇〇八）。「沖縄キリスト連盟」は、同年六月に「沖縄キリスト教会」となり、顧問は軍関係者でなくＯＫＩＢの宣教師たちが加わりました。これによって軍の監督を受けることはなくなりましたが、経済的には宣教師らを派遣するアメリカの教会やミッションボード、軍からも支援を受け続けました。「沖縄キリスト教会」は、一九五二年ごろになると、宣教師らの人的なバックアップと、アメリカの教会による経済的支援を受けて、社会福祉の活動を推進しています。主なものとして、多くの戦災孤児のために愛隣園（一九五三年）が開設され、無医村や医師不足に応じて医療事業が行われました。医療事業はアメリカの教会から寄贈された移動病院車で巡回して診察し、また那覇と沖縄島北部の羽地村親川に診療所を建設しました。こうした医療事業は一九五二年から一九六八年まで続きます。また、農村経済が逼迫していた農村に農村技術宣教師を受け入れ、農民への技術指導を行う「八重山農村センター」を開設しました（石川、一九九四）。

こうした協働作業が行われつつも、宣教師と「沖縄キリスト教会」の関係は「会堂建築を始めとし、牧師の給与にいたるまで、経営のほとんどを海外からの援助に依存せざるを得ない状況にあった。こうした中で、宣教師からなされた要求に対して抗う術を、「沖縄キリスト教会」は持っていなかった。経済を海外に頼りきっているという状況は、キリスト教会のみならず、沖縄全体が陥っていた構造的な問題でもあった。キリスト教と同じく戦後の沖縄社会も、経済基盤を完全に米軍に依存している。例えば雇用ひとつ取り挙げても、沖縄には米軍に関係する業種しか存在しておらず、沖縄社会全体が米軍との関係において、経済力を持つ雇主と貧しい被雇用者の関係を形作っていた」状態でもありました（古澤健太郎「信仰告白制定の経緯に見る「沖縄キリスト教会」の特質」『基督教研究』六八（一）、五七頁）。

第三節　土地闘争と宣教師の対応

(1)　土地問題の背景と分断

さて、こうした「沖縄キリスト教会」設立の初期から、宣教師たちと共に沖縄の教会の牧師や信徒たちは沖縄の地域社会の課題に応答しようとしました。その中で、避けることができない問題がありました。ちょうど、「沖縄キリスト教会」が社会事業に乗り出している時期は、米軍が沖縄の軍事化をかなり強権的に進める時期と重なります。同時期に生きる沖縄の住民として、米軍が住民から土地を奪い、住民が抵抗する現実を「沖縄キリスト教会」も全く知らないということはあり得ませんでした。

まず、土地問題の背景について概略に触れておきます。先に述べた通り、米軍が一九四五年に上陸してからも住民の土地は強制的に収奪され軍用地化されてきた経緯があります。それだけでなく、その後も基地計画の変遷の中で、新たに土地を強制的に奪われたり、立ち退きを迫られる住民や地域があり、絶えず米軍の強権的な行動は続いていました。そんな中、一九五二年四月に対日講和条約が発効され、沖縄が日本から切り離されてから琉球列島米国民政府（ＵＳＣＡＲ）は布令九一号「契約権」を発令します。これは土地所有者と賃貸借契約を結んで使用料を支払うことにする布令ですが、その使用料は一坪一円八〇銭というわずかな金額で当時のコーラ一瓶の値段と同じだと言われています。その著しく低い賃料の一七年分一括払いで、米軍側が土地を永久使用できるというものが「契約権」でした。この布令に当然住民たちは怒り、契約に応じた人たちは地主の全体の二％に止まりました。そこで米軍は新たに一九五三年四月三日に布令一〇九号「土地収用令」を発令して、契約に応じない地主の土地も新たに米軍が軍用地に接収できるようにしたのです。そして、同年一二月五日にはすでに軍用地にされた土地は、「黙契」として米軍と賃貸借契約が済んでいるという意味の布告二六号を発令しました。米軍は、こうした住民の利益と意見を著しく無視した布令を根拠に住民を武器で脅し、無理やり土地を収奪していきました（国場幸太郎「沖縄の人々の歩み」『島ぐるみ闘争はどう準備されたか』一七七頁）。

こうした軍用地を巡る様子を、アメリカの宣教師たちや沖縄にあるキリスト教会はどう見ていたのでしょうか。当時、土地闘争について最初に公にコメントしたキリスト教関係者は、沖縄の教会の牧師や信徒ではなく、宣教師オーティス・W・ベルでした。ベルは「沖縄キリスト教会」に派遣されていた宣教師で一九五〇年三月から一九五五年まで沖縄に配属されていました。彼は、一九五四年一月二一日の『クリスチャンセンチュリー』というアメリカの雑誌で、「沖縄人に対して公正にふるまえ」と題し、米軍の土地接収の暴力的なありさまを批判しました。当時、沖縄の地元新聞社はアメリカ軍政府から言論の自由を制限されており、アメリカ軍政府の許す範囲の内容でしか記事を掲載することができませんでした。そのような言論の自由が許されない沖縄を飛び越えて、ベル文書は、アメリカへ沖縄の住民の現状を伝えました。その後、アメリカの国際自由人権連盟議長のR・N・ボールドウィンがベル文書を知ったことをきっかけに、日本の人権協会への調査依頼がされ一〇ヶ月の現地調査がなされたのです。そして、この人権協会の調査結果を朝日新聞が記事にして、当時ほとんど沖縄の現状が報じられていなかった日本で沖縄の現状が報道される「朝日報道」につながりました。

その大きな影響を与えたベル文書の冒頭にはこう記されています。

一九五三年一二月五日、沖縄のアメリカ軍部隊は出動を命じられた。それは、アメリカ軍が〝共産主義者の蜂起〟と読んだ騒ぎを鎮圧するためであった。〝騒ぎを起こした人々〟とは、アメリカ軍が自分らの土地を自分らの同意もなく、しかも無料で使用しようとすることに反対する、丸腰の沖縄の人の一団であった。アメリカ軍にはそれは共産主義者によって煽動された叛乱に映った。しかし沖縄の人にとっては、それは法的に登記されている自分らの土地に対する権利の発動であった。アメリカの政策を強行するためアメリカ軍が出動を命じられなければならないというときには、何か間違ったことがそこに生じつつあるのである。沖縄にすむ宗教家として、私は米琉両者間のこの緊張を憂慮せざるを得ないし、また、アメリカ人および沖縄のひとからの個人的要請もあって、私は何が問題なのか調べた。（『27度線の南から』三六六―三六七頁）

このように始まるベル文書は、アメリカ人宣教師という立場で、アメリカ人や沖縄の人々から個人的に要請があり問題点を調査したとあります。この報道の後、「沖縄キリスト教会」の指導者たちはどのような反応をしていたのでしょうか。

ある指導者は、ベルの相談に対して、「あなたが自分の目で小禄の土地強制接収を見て、その事実を見たのだからいいのではないか」と答えたと言われる。またある指導者は「この論文は、宣教師だから書けたのである。宣教師は、住民の立場に立たなければならない。論文は極めて当然のことを書いてある。それに当を得ている」と答えた。（『27度戦の南から』一七六頁）

この反応は、ベル文書はあくまでベル個人の見地であり「沖縄キリスト教会」やアメリカ人宣教師の総意ではないということが暗に示されています。そして、「沖縄キリスト教会」の沖縄出身の牧師たちがはっきりと住民の立場に立つことは困難であったということも窺えます。当時、土地接収に抵抗する住民は、「共産主義者」というレッテルがはられ攻撃されていました。米軍によって暴力的な土地接収をされていた、沖縄島・伊佐浜区民が自ら証言として書いた書類には、住民に対するアメリカ側の「共産主義者」攻撃の実態が窺えます。

一九五五年三月三十一日午前九時過ぎ重機がやってきて、稲がほ孕《ママ》み始めようとしている田園をすきならしはじめたのであります。私達は鐘を乱打し、老若男女、子供といわず、重機の直ぐしたに坐《ママ》り込み運転を止めさせたのでありますが、しばらくするとハイヤー十台に分乗した完全武装兵五十四名が下りて来て、老若男女問わず、銃のショーピハンでた、きつけ、突き倒し、田園の中に投げ込み、重症者が三十六名も出て、七十二歳になる伊波興一爺さんはその場で気絶したのであります。更に三人の子供を抱えている戦争未亡人の豊永和子（三十七才）さんはＭＰにちょっと触れたというだけで逮捕され、軍事裁判にふされたのでありますが、さすが、アメリカ判事もこれには罪名をきせる事が出来ず結果は無罪になりました。口を開けば自由諸国の財産と生命を守るためにも駐屯しているというアメリカ占領軍は、この様な野蛮行為を自責公然とやったのであります。この事件に対し、翌日米紙のモーニングスターは伊佐浜区民は共産党員の煽動によって反対せしめられた、重機の下に坐り込んだのは区民ではなく、部外者だと嘘を平気で報道したのであります。……一九五六年九月一日伊佐浜区民代表　沢岻安良　田里ナへ　外一同（「伊佐浜　銘苅　具志　実態調査報告書」軍用地問題対策委一班、「伊佐浜区民に対するアメリカ軍の〝共産主義者〟攻撃「祖国八千万同胞に訴える」一九五六年九月四日、日本基督教団沖縄教区所蔵資料）。

また、伊江島の住民が沖縄島で座り込みをする理由の一つには、沖縄人民党シンパだと思われないようにする世論形成のためだったことも記されています。伊江島から沖縄島へ行き、窮状を訴えるために「乞食行進」を行なった際のことを阿波根さんはこう振り返っています。

これをやる前にね、こういうことがあったんですよ。一番、恐かったのは県民が恐かった訳です。沖縄全部がアメリカ様々でしょうが、アメリカ様々であるのに、こんな民主主義の沖縄県民の生命を助けてくれたアメリカに反対しておるでしょ、こんな立派なアメリカに反対する伊江島の農民をやっつけてやれ、そういうことがありはしないか、それが一番恐かった。アメリカは伊江島の農民は協力的である。伊江島の農民は非常におとなしい。反対するのは一部の赤である。一部の扇動者である、ということになったんだからよ。この誤解をどうして解くか、これが大きな問題であった。――私達、こっちにおる農民達は、手の皮が厚ければね、立派な大日本帝国臣民だから、生産しておけば、それでよいと思ったがね。――もう、最初は政府に頼んだんですよ。私達を救ってください。その次に立法院に頼んだ。あの当時は、私達はもう、人民党が一番恐いし――人民党が扇動したんだと――それから、人民党は恐くて来なかった。（『人間の住んでいる島』一六四頁）

当時、共産主義者たちは住民の当然の権利と自治のためにたたかっていたのです。土地接収の被害に遭っていた住民を支持していたのは、共産主義者だけではありません。ですが、共産主義者や共産党員は米軍やＵＳＣＡＲを堂々と批判し行動する故に弾圧と監視の対象となっていました。たとえば、当時、沖縄人民党員だった国場幸太郎は、不当逮捕されＣＩＣ（米陸軍対敵諜報隊。反米活動の阻止を目的に住民を監視し、諜報活動していた）から拷問にあったことを手記に記しています。さらに一九五二年に支持を伸ばし立法院議員として当選した瀬長亀次郎を投獄する「人民党事件」が一九五四年に起きています。このような沖縄の共産主義者へのあからさまな弾圧は、住民への共産党のネガティブキャンペーンであり、米軍やＵＳＣＡＲに抵抗することへの恐怖を植え付けました。

このような背景から、「沖縄キリスト教会」という組織は、軍のサポートや、アメリカの教会からの人的・経済的サポートを受けていたため、共産主義の枠組みに入れられていた土地接収の問題について慎重な姿勢をとらざるを得なかったのです。「沖縄キリスト教会」も沖縄が分断されていた現実にからめとられていたのでした。

⑵　沖縄キリスト教会の反応

さて、「沖縄キリスト教会の理事会が理事会として土地問題にかかわるまでには実に一年間の歳月を要した」（『27度線の南から』一七六頁）と言われています。それは、「土地問題は、教会の問題であるよりも県民の問題である。……したがって、土地問題でアメリカ軍に抗議行動を起こすことは主のみ栄を汚すという信仰理解が、理事の多数意見であった。それゆえに、同理事会には教会らしい解決方法で土地問題に関わるべきであるとの考え方が支配していた」（『27度戦の南から』一七六―一七七頁）とあります。ですが、決して土地闘争に無関心ではなかったことが窺えます。「沖縄キリスト教会」理事の一人であった仲里朝章牧師は、一九五五年一月一日の日記にこのように記述しています。

……吾々は己の力で吾々並同胞を救い得ず　吾々はアメリカ人の手で救はる者に非ず　吾々は日本の手で沖縄が救はるるとも思わぬ
吾々は米ドルの力に由って吾々を救い得ると思はぬ

吾々は米軍の世話になっている然し
軍政府民政府の力で沖縄が救はるる非ざること知っている
吾々の救はるる道は世界に唯一つしかない
それは吾々が個人的に神に交わり神に由りて救はれつつ神の力を受けて神の御意に叶ふことを為す時神は吾々の◯に働きて
吾々を新しく造り更えて下さる（一九五五年一月一日、仲里文庫資料 K0090, p.1-2）

占領下で呻吟する同胞が、アメリカや日本、またドルや米軍、軍政府や民政府によって救済されるのではない、という視点は彼が現実逃避しているのでも、現実問題に沈黙しているわけでもないことを示しています。仲里牧師は、宣教師とともにこの土地闘争に関わろうと行動を起こしています。

一九五五年の三月一一日には、伊江島と伊佐浜で米軍の武装兵が「銃剣とブルドーザー」で土地強制接収を行うという決定的な事件が起きました。その翌日にはこの作業を中止するように懇願する伊江島の高齢者を嘉手納基地に連行してもいます。緊迫した状況で、伊江島の住民は沖縄島の琉球政府に対して陳情を試みて座り込みを開始しましたが、三月二四日には家屋の撤去が行われました。米軍が設営したテントでの生活を強いられた住民らのそばで、米軍は演習を開始します。当然、砲弾落下や榴弾による負傷事件が起きました。当面の生活費、医療費の支給は止められ、生存の危機に追い込まれた住民は、五月一一日に演習地内での農耕を宣言し、生活を続けようとしました。それと並行して、琉球政府への陳情と、沖縄島の住民、日本に向けて窮状を訴えはじめました。

一九五五年五月、京都での日本語研修から沖縄に戻ってきたハロルド・リカード宣教師（一九五一―一九六六年まで沖縄に配属、ＯＫＩＢから派遣された農村指導担当宣教師）は、仲里牧師から伊江島を訪問し、現状について調べてほしいとの打診があったといいます。

五月中旬、私はこの新しい事件をナカザト・チョウショー牧師から知らされた。五月一八日、マリオ・バーベリー（私たちの農業担当宣教師）とその現状を見に行った。それはまるでまた戦闘が起きたかと思わせるようなものだった。家屋も家畜小屋も完全に破壊され、人々は炎天下のテントの中で生活していた。私たちは米兵の発砲で怪我をした八歳になる少女を見舞った。私は初めて阿波根昌鴻さんとその同志の皆さんに会った。私は強く感動した。彼の、彼らのおかれている状況の的確な説明力に、彼の静かな力強さに、そして強い決意に。私たちは、強い日差しの戸外に座りながら、農民の皆さんが経験してきたことがら、そして彼らの支援アッピールに、耳を傾けた。（『人間の住んでいる島　別冊』六三頁）

リカードは、こうした訪問と調査だけでなく、五月二一日には伊江島で土地闘争に取り組む真謝区民に五〇〇〇円の募金を行なっていることが記載されており、宣教師らが真謝区民「ゲキレイ」した記録が残っています（『阿波根昌鴻資料一　真謝日記』二二三―二二四頁）。その訪問時の会話内容を阿波根昌鴻さんはこう回想しています。

あの当時、私たち伊江島の土地を取り上げた農民と会う学生は、退学をさせられたのであります。伊江島の農民を援助したということで、当時琉球大学の学生が六名も退学させられております。また、伊江島の農民と会った公務員は、首にさせられたのであります。ところが、我々と公然とあってくれたのは、この中の左から一番目は、リカードというアメリカのキリスト教の牧師であります。それから三番目は、ババリーという牧師であります。この牧師たちは、私たちのところに最初にきまして、この牧師たちはこう言っておりました。「米軍は、どのようにして土地を取り上げたのか。また、米軍はどんなことを言っておるか。」ということを聞かれましたので、「私たちは何か法律があると言って、その法律によって土地を皆取り上げるといっておりますよ。」といって答えましたら、このお二人の牧師が言われるには「そうか、この法律があったら、持ってきてみなさい。」と言われましたので、私たちは、その法律というのを持っていったのであります。すると、この牧師たちがいうには、「これは法律ではない。これは『告ぐ』という字である。布令・布告というもので、これは何の力もない。これはあなたがたが守ってもいいが、守らなくってもいい。」ということを教えられまして、私たちは初めて法律にも、布令・布告というものがあることを初めて知ったのであります。その時にわしらは、この牧師たちにこう言ったのであります。「私たちは、小学校で、人の真心というのは必ず通ると教えられましたが。」ときいたのであります。すると、この宣教師がいうのは「これは、心のある人に通じるものであって、アメリカの軍隊には、心というものはないから、こういう真心というのは、これは通りません。米軍というのは、必要であるか必要でないか、得をするか損をするか、ということによって問題は決まるのであって、真心というのは、通りません」ということを聞かされたのであります。それから私たちは、「そうでありますか。」ということで、また「沖縄では私たちと会う学生は、退学である。公務員は首であるが、あなたがたは私たちと会って、アメリカ軍から首にされたり罰をされたりしませんか。」と言って聞きましたら、「そんなことはありません。私たちは、軍から給料をもらっていないから、軍とは関係ありません。」というような答えをしておったのであります。私たちを最初に教えてくれたのは、このお二人の牧師であります。（『人間の住んでいる島　別冊』一五―一七頁）

「軍から嫌われているリカードとバベリーという二人の宣教師」（『米軍と農民』四一頁）は、この証言によると米軍の不利になる助言をし、自分たちがアメリカ人だからといって米軍の関係者ではないという立場を明らかにするとともに、記録の上ではカンパまで行なっています。民間人が伊江島への訪問も憚られた時に、ましてカンパという明確な支援を明らかにしている点で、これまでの宣教師より住民の立場に立っています。

また阿波根さんはこのアドバイスを参考にして、法律にも布令・布告という法の違いを知るとともに、米軍に損をさせるために、米軍が住民に脅迫や暴言を吐いた時には新聞社に告発し、米軍こそが野蛮であると恥をかかせたと言います。この時にもすでに、阿波根さんら伊江島の住民たちは、たたかいを続ける中で米軍に抵抗する方法や法律的知識を実践で学んできました。伊江島の住民は一九五四年九月から米軍に立ち退きを通告された翌月から、沖縄島のＵＳＡＣＲや琉球政府に対して陳情を繰り返し求め、測量作業をする米軍と対峙していくために作られた「陳情規定」（「一、アメリカ軍と話しをするときは、なるべく大勢の中で何も手に持たないで座って話すこと。一、耳より上に手を上げないこと。一、決っして短気をおこしたり、相手の悪口は言わないこと。一、うそ、いつわりのことを言わないこと。一、愛情をもって道理をつくし、幼な子を教え導いてゆく態度で話し合うこと。一九五四年一〇月一三日」、『人間の住んでいる島』一二三頁）という行動方針はその最たるものです。そうしたたたかいの蓄積に比較すればわずかですが、アメリカ人宣教師の小さな助言も参考にされていたようです。また、このリカードらの来島は、阿波根さんにとって非暴力の倫理を聖書の中に見出す交流でもありました。

師は、「剣を取る者は剣によって滅びる。」という聖書の平和の道を教えてくださった方であり、また教養のない無知な農民を一九五五年以来ずっと導いてくださっている方でもある。心から感謝する次第である。（『人間の住んでいる島　別冊』五七頁）

もともと、阿波根さん自身は、「剣を取る者は剣によって滅びる。」という言葉をリカードらの訪問以前に用いていました。一九五五年一月三一日にシャープ大佐との面談にて、このように使っています。

それなら申し上げますが、聖書のなかに〝剣をとるもの剣に亡ぶ〟ということばがあります。わたしはほんとのことをシャープさんだから申し上げますが、米軍がいま沖縄でとっていることを見ますと、米国はきっと亡ぶような気がしてなりません。わたしたちは米国を滅ぼしたくないのです。どうですシャープさん。米国が聖書を守っていけばアメリカは永遠に栄えると思いますが、そうしていくわけにはいきませんか。（『米軍と農民』七六頁）

占領者の軍人に対して、一介の農民である阿波根さんが、イエスの言葉を引用することで、アメリカ軍を滅ぼせる地位に転換させています。ここでは紹介しきれないほど、他にもこのようなダイナミックな聖書引用を阿波根さんは多用してきました。特に、後に建設された、伊江島の住民たちの団結小屋「団結道場」（一九六一年）や「反戦平和資料館　ヌチドゥタカラの家」（一九八四年）の入口に「剣を取る者は剣によって滅びる」の聖句が掲げられているように、伊江島土地闘争のスローガンのひとつとして用いられていました。

リカードらが伊江島来島時、あるいはそれ以降、「剣を取る者は剣によって滅びる」の平和の道をどのように伝えたのかはわかりませんが、彼らは聖書を一つの媒体にして共鳴していたことが窺えます。

そして、五月の伊江島訪問の後、リカード宣教師は伊江島の現状を目の当たりにして、沖縄島に戻った後の行動をこのように取りました。

本島に戻ると早速私たちは、高等弁務官、ジェイムズ・E・ムーア司令官との会見を申し入れた。三週間後の六月八日に、やっと私たちは会見を許された。ムーア司令官の執務室に着いた時、USCARの長官、ウォルター・M・ジョンソン将軍も同席していることを知った。その日、私たちは沖縄農民を代弁して、沖縄における米政策の特別変更を提示した。私たちの提案は左記の通り。米国は⑴アメリカの理想を堅持しつつ、問題解決を道義的に求める。⑵土地評価委員会に若干の沖縄人を加える。⑶土地裁判所（一部、文民も入れて）を作る。⑷USCARの長には文民を任命する。⑸沖縄の人たちからこれ以上土地を取り上げない。⑹借用した土地にそれ相当の支払いをする。⑺破損、破壊に対して即刻補償する。合わせて、今後の破壊行為、人身傷害などないよう、障害を除去するように努める。……私たちはまた次のようなことも要求した。伊佐浜村を破壊するような計画はやめてもらいたい。……これらの要求は最低限のものだと、私たちには思えた。六月一〇日、再び私たちは、ジョンソン司令官とUSCARの土地担当者と会ったが、伊佐浜の土地接収は延期するという事項を除いては、はっきりした結果は得られなかった。六月一五日、私たちは大城村長と会うため再度伊江島に渡った。そして、米軍側との会合を報告した。（『人間の住んでいる島　別冊』六二―六四頁）

同じアメリカ人でありつつ宣教師という民間人が、軍やUSCARの役人に直談判していますが、「沖縄キリスト教会」の総意ではなく、あくまで個人的なアクションであったようです。リカードらの申し入れは、先のベル文書と共通する部分もありますが、「⑶土地裁判所（一部、文民も入れて）を作る。⑷ＵＳＣＡＲの長には文民を任命する」と、より政治的な立場に言及しています。そして、一九五五年五月一九日に、住民の声を反映する形で決議された立法院の「軍用地問題に関する四原則」と共通する部分もあります。四原則は「①軍用地の買上げまたは永久使用料の一括支払いは絶対に行わないこと。②軍用地使用料は住民の要求する金額を毎年支払うこと。③アメリカ軍が加えた一切の損害を速やかに賠償すること。④あらたな土地の取り上げは絶対に避けること」という地主からの要求でした。全く文面は同じではありませんが、リカードらの「⑹借用した土地にそれ相当の支払いをする。⑺破損、破壊に対して即刻補償する。合わせて、今後の破壊行為、人身傷害などないよう、障害を除去するように努める」という申し入れは、四原則を意識した申し入れ内容であると言えるでしょう。しかし、こうした申し入れは虚しく、望んだ結果は得られませんでした。この残念な結果をリカードは、再び伊江島を訪ねて報告をしました。

折しも、リカードらが再訪問した六月一五日は、伊江島は再び混乱の中にありました。六月一三日に三二名の伊江島の住民が柵内で耕作している間に米軍に不法立入の容疑で逮捕・沖縄島へ輸送され、一四日に軍事裁判で執行猶予付きの有罪判決が出されました。このことで、伊江島の住民は那覇へ移動し立法院に事情を訴え、一五日には琉球政府の副主席らと会談し、有罪の取り消しを求め座り込みを行なっています。一六日、一七日にかけては琉球政府要人に掛け合う中で、実はキリスト教関係者をも訪ねたようです。

立法院も当てにならない。農民は、アメリカのカトリック教会にも行った訳ですよ、今度は。そこ行って「アメリカ、今、地獄に落ちますからね、早く救ってください」と言ったら、神父さん達、出てきて「あなた方はここの信者ではないから、私達はタッチすること出来ない」とそこから追い返された。沖縄の教会は皆、歩いたんだ。お寺にも行きました。偉いという人は皆、まわったんですよ。ま、首里教会の仲里朝章先生は、「これは大変だ、何も力にはなれないんだが、信者と牧師を皆集めるから、報告話を聞かせてくれないか」向こうで報告はしたが、何も手出しは出来ないんですよ。皆、怖がるんですからよ。(『人間の住んでいる島』一六四頁)

この決して芳しくなかった沖縄のキリスト教関係者の反応の中に、リカード宣教師らを送り出した仲里牧師の名前が上がっています。当時の伊江島の住民の記録には、この時「沖縄キリスト教会」メンバーの元にも訪問した記録が残っています。午後二時に阿波根さんらは「沖縄キリスト教会」理事・信徒の池宮克賢とともに教会へ向かっており、この時に面談しているのは「沖縄キリスト教会」の理事長である比嘉善雄牧師、理事の仲里朝章牧師と池宮克賢です。

「先生〔引用者注：仲里の発字、また以下の誤字もそのまま記載〕――
　ジョンソンさんがどう感へて居
居られようが皆様型には正義は
正義のようにどこまでも打通して行く

様にされてください

池宮――布令のことについてはどこまでも話し合って解決をする様にされよ警察の調査ではあなたにはふりになるから局にもあってよく話し合って打ち消して貰ふ様にされ度い」（『阿波根昌鴻資料二　陳情日記』二三頁）

この記録では、仲里・池宮の両氏が阿波根さんたちへの具体的な協力を確約しているわけではなく、助言しているだけにとどまりますし、のちに続く阿波根さんらとのやり取りでは、この間の現状報告にとどまっています。しかし、その一ヶ月後、七月六日の住民の記録では伊江島に「沖縄キリスト教会訪問」という記録があり（『阿波根昌鴻資料二　陳情日記』三〇頁）、「沖縄キリスト教会」と伊江島の住民たちの交流が継続していることが窺えます。

そして同年八月一六日の内外協力会の議事録に「東洋宣教協力會ニ於イテ　沖縄軍用地調査ノ件決議ス」という記録があります（日本基督教団沖縄教区所蔵資料）。この決議についての詳細は、九月一四日の教役者会の記録にバーベリー宣教師から説明という形で、アメリカのＩＢＣ（ミッションボード連合委員会）に向けて、①沖縄土地問題調査員を派遣　②調査員の一ヶ月の滞在　③議員調査団来島前の派遣　④民政府、琉球政府以外の第三者との協議（日本基督教団沖縄教区所蔵資料）

を要請するという内容です。この要請の経緯は「沖縄キリスト教会」理事長の比嘉善雄の説明によると以下の通りになります。

土地問題は全住民の問題でありキリスト教だけ無関心は許されない。こちらの宣教師団体と「沖縄キリスト教会」で組織する沖縄内外協力会が米国本部へ報告書を提出した所、本部より、もっと詳しいレポートが欲しいとのことだった。詳しくレポートするにはこちらの協力会は余りに力が弱すぎるから下院調査団が来る前に本部より代表を派遣して実地に調査するよう要請したところ、東京におられたダウンズ博士を全米の正式代表として派遣されたわけだ。（『沖縄タイムス』一九五五年一〇月二二日土曜日夕刊（三））

一九五五年五月二三日に琉球政府主席の比嘉秀平ら土地問題渡米折衝団が派遣され、折衝団の要請により、一九五五年一〇月二三日にプライスを団長とする米国下院軍事委員会特別分科委員会の調査団（プライス調査団）が来沖することが決定しました。このプライス調査団らのアメリカ政府の来島に合わせて、住民の意見を代弁するために、アメリカNCCからダーリー・ダウンズ宣教師が派遣されました。ダウンズ宣教師は三六年日本に滞在した宣教師で、内外協力会の主事であり、日本とアメリカの教会の有力者でもありました。一〇月二一日、ダーリー・ダウンズ宣教師は沖縄に到着し、土地闘争に関わる農民や、軍用地主連合会、関係機関、民主団体、琉球政府を回りました。比嘉理事長は、このダウンズ宣教師の調査とレポートが沖縄の住民に有利に働くことを期待して以下のようにコメントしています。

全米三千万の信徒を抱える本協会《ママ》の意見を無視することはできないから、必ず、良い結果になると思うし、アメリカ政府に対するアドバイスとして協会《ママ》側の意見は最も適切なものだと思う。（『沖縄タイムス』一九五五年一〇月二二日土曜日夕刊（三））

ダウンズ宣教師は、その後、米国下院軍事委員会でプライス調査団の報告が行われた際に、沖縄の土地問題に関する証言を行いました。しかし証言されたダウンズの見解は「基地は否定しないが、沖縄県民の生活を犠牲にしてはならない。借地料は引き上げるべきである」（『日本基督教団史資料集　第三巻』三五九頁）というものでした。

以上のように、ベル、そしてリカード、ダウンズという三人の宣教師の見解と行動を俯瞰してきましたが、彼らの主張は住民の意見を汲むという姿勢を持ちながら、共通した限界も垣間見えます。たとえば、ベル文書は最後にこう締め括られています。

我々は対日戦に勝利して沖縄をとった。……アメリカ軍を基地だけに限定し、民事のために民間人行政官を任命せよ。早急に改善しなければ、将来長きにわたって、我々は反抗的な沖縄とつきあわなければならなくなるだろう。（『27度線の南から』三七三頁）

また、先に挙げたリカード宣教師が軍やＵＳＣＡＲの役人に直談判した個人的な申し入れにはこうありました。

(1)アメリカの理想を堅持しつつ、問題解決を道義的に求める。（『人間の住んでいる島　別冊』六三―六四頁）

そして、ダウンズ宣教師が一〇月二五日に沖縄タイムスの記者から取材を受け、日本語で自身の見解を述べている中にこのような回答があります。

問　最近、米兵による幼女暴行事件が相次いで起こり、住民を不安に落とし入れているだけでなく非常に憤慨させた。これは沖縄人蔑視の現れというものもあり、占領状態にあるからだとの意見もある。これについて博士の意見は。

答　むずかしい問題だ。多くの兵隊のいる場所は不愉快な事件が起こる。米軍は他国の兵隊よりは悪くはない。だが、犯罪を犯した兵隊の処分を公表しないのはおかしい。（『沖縄タイムス』一九五五年一〇月二六日水曜日夕刊〈三〉）

こうした発言を見ると、ベル、リカード、ダウンズはどれも米軍の占領や基地自体を批判しているものではない、ということが共通しているのです。それでも、伊江島の住民たちは一九五五年一〇月二六日にダウンズにお礼状を、また記念品を翌年一九五六年二月五日に贈っている記録があります。その一方でダウンズの報告の中に、自分たち住民たちの証言がなかったということを記載しています。(『阿波根昌鴻資料三　爆弾日記一号・二号』四二―四三頁)。

第四節「沖縄キリスト教会」の行動

ベル、リカード、ダウンズら宣教師たちが、占領や基地へのラディカルな批判をできなくとも、土地を奪われる住民たちの立場に立って発言し行動してきましたが、一方で「沖縄キリスト教会」は組織としてどのような抗議を行うことができたのでしょうか。ダウンズへの沖縄タイムスの記者の問いにあったように、一九五五年九月三日には米兵による女児強かん殺人事件(由美子ちゃん事件)が起こり、沖縄の中で数々の抗議集会が行われていました。同年九月一四日の「沖縄キリスト教会」の教役者会の会議録には、「社会部長提案　①軍用地問題住民協議会ニ加盟ニ関スル件　②少女暴行人権擁護住民大会ニ参加ニ関スル件」(日本基督教団沖縄教区所蔵資料)という議案が上がっています。この議案は、「沖縄キリスト教会」で初めて土地闘争の住民運動への連帯と、住民の抗議集会への参加が検討されたものですが、これらの団体や目的、リーダーなどが判明次第理事会を招集して決定するという、保留の判断が行われています。その代わりに、「チーフチャプレン並びに民政官通じてマリンG・I軍規粛正〇警告すること」という決定がなされました。「沖縄キリスト教会」が組織として連帯はせずとも、理事の池宮克賢は、議案に上がっていた「少女暴行人権擁護住民大会（正しくは人権擁護全住民大会）」（一九五五年一〇月二二日）に参加し、「人権擁護の決議文」を朗読する役割を果たしました。ただ、総じて「沖縄キリスト教会」は、組織として住民の運動への連帯、集会の参加は実施していなかったと言えます。

けれども仲里の一九五六年のメモによれば、一九五六年の医療委員会でのメモに土地問題の動向が記されており、ダウンズ宣教師の訪問後も沖縄キリスト教会が土地問題には関心を寄せ続けていることがわかります。また表題を「土地問題」として一九五六年七月三〇日の日付で何らかの会議録と思われるメモが残っています。その記述は、伊江島土地闘争の立場と重なる内容であり、仲里のメモの中では初めて聖書を引用しながら土地問題について記しています。

土地は農民の生命である
基地経済への流入への傾向
非人道的米兵の横暴
軍事優先は人道的でない
人道問題は凡ゆるものに優先する
米国のザンゲを必要とする
神の声…剣を持て立つ者は亡ぶ

沖縄人の敵はアメリカの政策である
武力を用いず（仲里朝章資料　K0035 No.000022, p.47）

「神の声…剣を持て立つ者は亡ぶ」という伊江島土地闘争の精神は「沖縄キリスト教会」に届いていたのです。それは「沖縄キリスト教会」が、土地闘争を信仰の課題として受けとめはじめたとも言えるのではないでしょうか。

まとめ

「沖縄キリスト教会」ははじめ土地闘争については「沈黙」しており、最初に公に言及したのはベル宣教師でした。しかし、一九五五年三月一一日の「銃剣とブルドーザー」による武力行使によって住民の土地が強制的に奪われた後に、仲里牧師が宣教師を通して調査を依頼しました。このことがきっかけでリカード、バーベリー宣教師が伊江島の住民との関係性を生み出し、「沖縄キリスト教会」の理事たちと伊江島の住民との交流ができました。そこから「沖縄キリスト教会」と内外協力会は連携し、日米において有力な宣教師ダウンズのコネクションを使いながら、土地闘争で呻吟する住民の有利になるようにと行動しました。それから、「沖縄キリスト教会」は、「由美子ちゃん事件」が起きた後、「軍用地問題住民協議会」や「少女暴行人権擁護住民大会」という住民への連帯について議案とするようになりました。「沖縄キリスト教会」は、確かに全面的に組織として住民の運動や集会に参加することはありませんでしたが、ベル以前の頃とは異なり、住民の課題に参与する姿勢が見られるようになりました。これは、「沖縄キリスト教会」が伊江島の住民らのたたかいからの影響を受けての変化であることは言うまでもありません。そして、占領者であるアメリカ人の視点から逃れられない限界がありつつも住民のため行動するアメリカ人宣教師、その宣教師と軍によって人的にも経済的にも依存しなければならなかった「沖縄キリスト教会」、暴力的に土地を奪われ強烈な反共政策と弾圧に日々対峙しなければならなかった伊江島の住民、これらの立場は沖縄の分断された社会の縮図でもありました。その彼らが「剣を持て立つ者は亡ぶ」というイエスの言葉を共有し、土地闘争を結びつけている共通点がありました。これはある意味で「剣を持て立つ者は亡ぶ」という言葉によって分断がつなぎ合わされようとする出来事だったのではないでしょうか。

アメリカと日本によって過剰な基地負担を強いられている沖縄の人々は、現在も土地と暮らしをおびやかされています。「剣を持て立つ者は亡ぶ」の言葉は、今もなお私たちに向けられた言葉であり続け、応答を迫られている言葉であるのではないでしょうか。

参考文献

阿波根昌鴻『米軍と農民――沖縄県伊江島』岩波書店、一九七三年。

阿波根昌鴻『命こそ宝――沖縄反戦の心』岩波書店、一九九二年。

阿波根昌鴻『人間の住んでいる島』一九九九年。

『阿波根昌鴻資料一　真謝日記』一般財団法人わびあいの里反戦平和資料館ヌチドゥタカラの家、二〇一七年。

『阿波根昌鴻資料二　陳情日記』一般財団法人わびあいの里反戦平和資料館ヌチドゥタカラの家、二〇一九年。

『阿波根昌鴻資料三　爆弾日記一号・二号』一般財団法人わびあいの里反戦平和資料館ヌチドゥタカラの家、二〇一九年。

『人間の住んでいる島　別冊』阿波根塾、二〇〇五年。

石川政秀『沖縄キリスト教史――排除と容認の軌跡』いのちのことば社、一九九四年。

一色哲「軍事占領下における軍隊と宗教――沖縄地域社会とキリスト教を事例に」『甲子園大学紀要』第三六号、二〇〇八年。

一色哲「軍事占領下における地域形成とキリスト教――一九四〇年代後半の沖縄を事例に」『日本の神学』第四九号、二〇一〇年。

一色哲『南島キリスト教史入門――奄美・沖縄・宮古・八重山の近代と福音主義信仰の交流と越境』新教出版社、二〇一八年。

『沖縄県史　資料編一四　琉球諸島の軍政　一九四五―一九五〇』沖縄県教育委員会、二〇〇一年。

沖縄バプテスト連盟編『宣教の歩み――沖縄バプテスト八〇年史』キリスト新聞社、一九七三年。

金井創『沖縄・辺野古の抗議船「不屈」からの便り』みなも書房、二〇一九年。

基地・軍隊を許さない行動する女たちの会・沖縄編『沖縄・米兵による女性への性犯罪１９４５年４月～２０１６年５月』第一二版、二〇一六年。

小林紀由『沖縄の復帰とキリスト教会』北樹出版、二〇二一年。

平良直「沖縄の米軍初期占領期の宗教政策とキリスト者」筑波大学哲学・思想学会編『哲学・思想論叢』第三六巻、二〇一八年。

鳥山淳『沖縄／基地社会の起源と相克――１９４５－１９５６』勁草書房、二〇一三年。

日本基督教団沖縄教区編『27度線の南から――沖縄キリスト者の証言』日本基督教団出版局、一九七一年。

林博史『暴力と差別としての米軍基地　沖縄と植民地――基地形成史の共通性』かもがわ出版、二〇一四年。

原誠「戦時下沖縄の教会」『基督教研究』六〇（一）、一九九八年。

古澤健太郎「信仰告白制定の経緯に見る「沖縄キリスト教会」の特質」『基督教研究』六八（一）、二〇〇六年。

星野英一・島袋純・高良鉄美・阿部小涼・里井洋一・山口剛史『沖縄平和論のアジェンダ――怒りを力にする視座と方法』法律文化社、二〇一八年。

宮城晴美・高里鈴代・安次嶺美代子・山城紀子・川田文子・秋林こずえ・鄭暎恵・大嶋果織・山下明子著、富坂キリスト教センター編『沖縄にみる性暴力と軍事主義』御茶の水書房、二〇一七年。

森宣雄・鳥山淳、著　国場幸太郎・新川明・林京子・由井晶子・新崎盛暉・加藤哲郎・長元朝浩・冨山一郎編著『「島ぐるみ」闘争はどう準備されたか――沖縄が目指す〈あま世〉への道』不二出版、二〇一三年。

若林千代『ジープと砂塵――米軍占領下沖縄の政治社会と東アジア冷戦　１９４５－１９５０』有志舎、二〇一五年。

仲里文庫資料 K0090, K0035, No.000022（沖縄キリスト教学院大学所蔵、未公刊）。

沖縄キリスト教会　内外協力会議事録（一九五五年八月一六日、日本基督教団沖縄教区所蔵、未公刊）。

沖縄キリスト教会　教役者会議事録（一九五五年九月一四日、日本基督教団沖縄教区所蔵、未公刊）。

「伊佐浜　銘苅　具志　実態調査報告書」軍用地問題対策委一班、「伊佐浜区民に対するアメリカ軍の〝共産主義者〟攻撃「祖国八千万同胞に訴える」（一九五六年九月四日、日本基督教団沖縄教区所蔵）。

『沖縄タイムス』一九五五年一〇月二二日土曜日夕刊（三）。

『沖縄タイムス』一九五五年一〇月二六日水曜日夕刊（三）。

第六章　キリスト教学校と選択
――「女性の教育」を手がかりに

渡邊　さゆり

はじめに

「日本において、女性は差別されている」。この言葉は、過去のものではないと思うのですが、皆さんはいかがでしょうか。この言葉は、日本が戦争に敗れ「新しい」国の制度ができたとき、解消されたのでしょうか。「女性は差別されていた」けれど、いまはもう、そうではないと、本当に言えるでしょうか。

大日本帝国憲法（旧憲法）、そしてその憲法下にある民法旧法では、女性は結婚すると、法律上は「無能力者」で、自己の人生にかかわる重要な意思決定、行為は、婚姻上の夫の許可がなければできませんでした。これは、法律上の「準禁治産者」と同じです。女性の「戸主権」、財産所有権、離婚の権利は大幅に縮小、制限されていました。また、「戸籍法」では、「家」（イエ）を代表する当主（当代の戸主）が重んじられ、前の戸主である父（男性）を筆頭に記すようにと明記されていました。そのため、戸籍記載は、直系尊属、男性優先でした。家督は長男の相続に限定されていました。例外的に「女戸主」を認められていましたが、男性優位を維持するための補完的事例としてのみでした。このような家制度は、「天皇制」の生活レベルでの実践です。

女性の権利は著しく損なわれていました。旧民法でも、夫婦同氏が義務付けられ、女性側からの離婚権が奪われていました。夫婦同氏は新民法でも継続され、二〇二四年、日本で婚姻届を出す夫婦のうち九六％が男性姓を採用しましたから、「戦後」社会制度の一つとして女性の人権が擁護されたと言っても、民衆の精神に女性差別的「家族関係」は習慣化されていますし、女性の権利という意味ではまだ日本は「戦前」を引きずっていると言っても過言ではありません。一九四五年八月一五日前を「戦前」と呼び、それ以後を「戦後」と呼ぶことには慎重な議論が必要です。政治上は、その日、日本は敗戦しました。しかし、それ以後も非組織的な戦闘がありましたし、戦死者はその日以降もいます。「戦後処理」（処理という言葉も適切ではないように思いますが）が終わるまで、戦後ではないという立場も、私は尊重したいと思います。沖縄における米軍基地、新基地建設、米軍による住民への暴力被害、そして自衛隊との共同訓練、これらのことを目の当たりにすると「戦後」を論じることに躊躇がないとしたら、その眼差しは時代を掌握する支配者の眼差しに類似してしまうのではないかと思います。原子爆弾投下による後遺症、戦前戦中の法制度下において生活の中にまで染み入っていた習慣化された差別や偏見が、ある日を境にキッパリと変更されたというようなことはないからです。それでも、敗戦の日は重要です。その日がなければ、私たちは戦争を批判し、天皇制を批判し、「あれ」ではないものをつくりだすことはできなかったからです。敗戦の日以降、間違いを間違いということができるはずだという希望の中で、戦後を想像し続ける責任が、戦争を知らない世代の私にはあると思っています。

私は、今回、「戦後社会制度とキリスト教〈1945―60年〉」という研究会の一員に入れていただきました。私は当初、戦後社会制度の中の教育、特に、キリスト教学校教育ということについてのテーマをと割りふられました。当初、いただいた「教育」は、重要なテーマだなと思いました。私自身がいくつかのキリスト教学校で宗教科、聖書科、キリスト教概論、あるいは人権、ジェンダー、宗教学などの科目を担当してきた経験から、自分の関心ともそう遠くないと思いました。

ところが、私自身は普段は一教会の牧師として働き、研究では主にキリスト教におけるジェンダー、フェミニスト、そして聖書解釈がテーマです。歴史学やキリスト教史とは対極にある分野で活動をしています。そのため、ほとんど「ついていけない」経験を研究会が行われた三年間しました。だから、他の研究員の方々とどこで接点を見つけられるのか、最後まで惑いの中にありました。ましてや「できそう」と思ったテーマも、どうしても本来の自分の研究テーマとの関連で捉えてしまい、歴史批判に重要とされている「客観的であること」がとても難しいと思いました。同時に「戦後」を見つめるときに誰がどのことに焦点を置いて、どの位置から見るかによって、やはり浮き彫りになるものは異なることもこの研究会を通じて痛感させられました。そこで、思いきって私からは「日本において、女性は差別されている」今から、「戦前と戦後」を考えることにしました。特にこれまでに取り組みをしていたわけでもない「教育」という領域のことについてお題をいただきましたので、それを手掛かりに、「戦後」当初、女性の教育を促す制度がどんなふうにつくられていったかを紹介したいと思います。そしてキリスト教学校は、女性の教育機会のために設置されたという大義名分の後ろに、その女性を通じて日本を「キリスト教化」しようとしていたアメリカのキリスト教の宣教戦略があったことをお話ししようと思います。

このように、主語を私にして語ることも、「研究」の作法では異質なものと思われるかもしれません。しかし、「私を語る」ことができなかった女性たちにとっては、この方法をとることそのものが抵抗の一歩なのです。では、お話をはじめましょう。

第一節　敗戦後の女性を取り巻く状況

(1)「家族像」の改変

旧憲法では、女性への差別は見える形で刻まれていました。一方、新憲法が制定され、天皇制は、表向き、改編されました。言うなれば、「ソフト化された」のです。しかし、象徴天皇制の興隆によって、女性が人権を獲得し、解放されたとは言い難いのです。象徴天皇制は、戦前、戦中の女性に対する差別を、可視的、不可視的に継承しました。敗戦後の日本の社会制度は、「女性差別」を内包したままでした。

戦後、「家制度」は旧民法を継承しました。新憲法の制定、民法・戸籍法の改正により戦後の「家族」体制は改変されたはずなのですが、実質的に継承したと言った方がよいでしょう。

民法改正は、臨時法制審議会、第四部第二小委員会が担当しました。改正要項を草案した中川善之助、我妻栄が参加したのですが、中川は、夫婦別姓案を主張しました。しかし、夫婦別姓への賛同が得られないと、今度は夫婦同姓にして夫が妻の姓を名乗ることを主張しました。とても斬新です。これらの半ば反対を想定した中川の案は案の定、反対されました。中川は、この経緯について後に「夫婦が自由平等の協議で決めるという、公平といえば公平、ずるいといえばずるい方法」と、夫婦同姓について述べています(1)。

このように、民法制定時に、氏の決定の議論がなされていることは、そもそも、戸籍制度を残存させることが前提でした。そして、これが旧民法における「家制度」を継承する起因となっているのです。民法における、婚姻制度の氏決定議論は、GHQが掲げた戸籍を個人登録へ転換させる意向とは真逆に進んだわけです。いかに戸籍制度を残したまま新民法を制定できるかが問われていただけです。戸籍撤廃を要求したGHQに対し、新法制定議論は消極的だったと言えます。表向きの戸籍制度存続理由は「紙不足」だったというのですから、驚きです(2)。こうして、戸籍筆頭者、続柄により構成される家制度は、「刷新」されることがなく、女性の家制度からの解放は叶わなかったのです。

では、このような家制度の継承について、日本のキリスト教界では何らかのアクションがあったでしょうか？　残念ながらリサーチの末、何らキリスト教関係団体による家制度の事実上の温存への積極的、あるいは抵抗的行動も見える形では生じていなかったと言わざるを得ません。

⑵　女性の政治参加

まず、敗戦直後のGHQによる政策の柱の一つは「女性政策」でした。戦後史は常に時代を切り分け、敗戦後の女性の権利の回復を、「戦後」に起因するものと見てきました。つまり日本における女性の地位の確立は、アメリカ主導によるものだったと。しかし、それでは見えなくされているものがあると思います。日本国内にも、すでに女性の権利主張は粘り強くなされてきました。その運動と、GHQによる政策転換とが切り離されてしまう見方を避けるべきです。なぜなら、女性の権利は戦勝国による「押し付け」と見做されれば、それは付加されたものと断定され、当事者によって獲得されたという要素が排除されてしまうからです。

「GHQは一九四五年一〇月婦人の解放・労働組合の助長・教育の自由主義化・圧政的諸制度の撤廃・経済の民主化という五大改革の指令を発した」（一九四五年一〇月一一日）のですが、この指令の背後には、一九四五年八月二五日にすでに市川房枝らによる「戦後対策婦人委員会」（後に「主婦連」（主婦連合会）として女性の消費者団体への礎となりました）の樹立、女性参政権に関する提言（九月二四日）がありました。GHQ主導の「民主化」による成果としてではなく、戦前からの女性参政権運動の帰結として、日本における「普通選挙」、女性たちの政治参加の権利が獲得されました。

戦前、治安警察法第五条二項により、女性の集会権、結社権は認められていませんでした。政策を立てることができなければ、女性が社会政策の意思決定機関に入ることはできません。戦前からの女性参政権運動は、戦争中、戦争協力する側に立つことで、その存在を維持してきました。厳しい選択です。獲得するべき権利のために妥協するべきことがあるとは。

では、女性の政治参加が可能になり、どのような変化がもたらされたでしょうか。一九四六年四月一〇日に女性が参加する選挙が行われました。一三八〇万人の女性が投票し、三九人の女性が、衆議院議員として選出されました。それは当選者中の八・四%にあたります。では、二〇二一年の衆議院選挙で選ばれた女性議員の割合はどうなっているでしょうか。わずか、九・七%です。さらに着目すべきは、戦後一五年目には、女性の衆議院議員の割合は、当初からさらに激減して、一・五%です。第一回目の選挙で女性は大躍進するのに、そこから低迷を続け、五%を超えるのは二〇〇〇年になってからです。一割にも満たない国政での女性たちの数から考えると、戦後社会制度変革の女性政策には不備があると言わざるを得ないのではないでしょうか。少なくとも、当事者の声は反映されたとは言い難いのです。この経緯をみなさんはどのように考えられるでしょうか。それから、皆さんがもし、キリスト教会に通っているとして、その教会の意思決定を下す機関には、どれぐらいの割合で、女性が含まれているでしょうか。キリスト教団体を代表する責任者の女性の割合はどのくらいでしょうか。

(3) 女性と戦後の「生活革命」

戦後の女性の生活の変化を捉えながら、政策と実質の生活がどれぐらい「マッチ」していたのかを想像したいと思います。研究者の天野正子は、敗戦直後のことを次のように述べています。「男性の作ったモノを与えられ、『使う側』におかれていた女性たちを、ゆっくりと、しかし確実に、『つくる側』へと押し出してきたスリリングな時代[3]」。スリリングとは、戦慄的という意味でしょうか。ハラハラ、ドキドキさせられる時代という意味でしょうか。天野は、敗戦後以降の「生活革命」によって、女性の家事労働が極端に軽減される「モノ」の開発により、女性の生活基盤そのものが大きく変更させられていくことに注目しました。その変更は、女性の清浄、清潔へのセンシビリティを強化し、「汚《よご》れ」を消すことから、「汚す」ことを許さないことへの転向だと指摘していま す[4]。モノに取り巻かれた女性たちが、新社会制度の秩序の中へ組み込まれたことを読み解く方法は、戦後一五年の間に大激変を迎える教育制度が志向したことを検証することにも援用できるのではないでしょうか。

いよいよ、日本の戦後教育は何を目指したのか、目指させられたのかを考えていきます。そして、女性の教育拡大により達成されようとしたものを批判し、キリスト教が果たした役割を評価します。

第二節　戦前の女性教育のリアル——大阪女学院の戦前の選択

戦後の女性を取り巻く大きな環境の変化の一つが、女性の教育機会の拡大です。戦前、中等教育機関[5]においては、共学は一部の実業分野校を除いてはありませんでした。第一次世界大戦後に、一時的に共学議論がありました。しかし、それらは皆、高等教育機関における共学論です。男女共学促進の抜本的起因となったのは、GHQによる婦人の解放（前述）発令です。女性の権利回復の具体化が、男女共学促進となったのです。

しかし、男女共学イコール女性の権利回復と言えるでしょうか？ 言い換えれば、女子校は女性の権利低下の現れと言えるのでしょうか。私自身は、別学のキリスト教学校出身です。しかし別学で学んだことが、女性の権利低下につながったと思ったことは一度もありませんが、実際はどうなのでしょうか。

まず、大阪女学院の創設から戦中までを詳しく見ます。戦後、男女共学が女性の権利回復の旗印になる背後で、別学を続けたキリスト教学校の成り立ちから、戦前の教育制度の中にあった選択に着目します。その選択が戦後教育継続の動機となったのではないかという予想を立ててたどっていきたいと思います。

(1) キリスト教学校・大阪女学院創設期

一七八九年、アメリカに渡ったピューリタンの中に、特に、教会統治を信徒代表者（長老）の選出によって行う指針を掲げたクリスチャンたちは、一七八九年、フィラデルフィアにおいて地域代表による会議体としてアメリカ長老教会を成立させました。しかし、当時のリバイバルムーブメントにより、圧倒的な牧師不足となったカンバーランド中会（テネシー州からケンタッキー州にまたがるカンバーランド川流域の長老教会の地区）は、アメリカ長老教会が定める牧師の要件を拡大し、高等教育修了者以外の信徒を牧師として任命することを決意し、アメリカ長老教会から離脱、カンバーランド長老教会として独立しました。

大阪女学院（ウヰルミナ女学校）の創設者となるA・D・ヘール（Alexander Durham Hail）は、一七歳から二〇歳までの間、南北戦争に従軍し、復員。その後、大学に戻り、二三歳で卒業しています。この後すぐに、ペンシルベニア州にある長老教会の説教者として按手を受け、働き始め、翌年、同州プレザントビューの教会で、牧師としての按手を受けています。翌年、オハイオ州カンバーランド長老教会に転任し、神学教育をここで受けています。レイチェル・リンゼイと結婚し、三人の子どもが与えられ、夫妻は、そのうち二人を失っています。第一子は死産、第二子は三歳で召天しています。その後、第三子、のちに、ヘール夫妻と共に渡日するジョン・ユージンは一八七三年に生まれました。その後すぐヘールは組合教会へ転任しています。現存する日本語でヘールを紹介する文書においては「家族の悲しみからの再出発」とこの転任を評しています。[6]しかしA・D・ヘールの名が、組合教会に転任直後に開かれているカンバーランド長老教会一八七六年大会、伝道局報告内に外国宣教候補者として銘記されているのです。同時期にアメリカカンバーランド長老教会、またアメリカ長老教会は、宣教師の日本派遣のため、複数の牧師を候補者として立てています。A・D・ヘールの顔見知りであった候補生たちの影響を受け彼も外国宣教を志したのではないだろうかと目されています。

A・D・ヘールの二歳下の弟J・B・ヘールは、兄よりも先に、宣教師候補生となり、認可を受けて出発、一八七七年一月二四日に横浜港に到着しています。その四日後には神戸へ到着し、その後、大阪に拠点を設けました。そして、二年後には、南堀江（大阪）の講義所にて、日本語での説教を行なっている記録があります(7)。

兄、A・D・ヘールは、宣教師候補者の訓練の一環として医学を一年間学んだ後、一八七八年一〇月二一日、アメリカカンバーランド長老教会宣教師として、レイチェル・リンゼイ、息子ジョン・ユージンと共に渡日し、J・B・ヘールに合流しました。その後、J・B・ヘールは、和歌山田辺地区に拠点を置き、和歌山伝道と、ウヰルミナ女学校の運営責任を同時に担っています。この学校運営のために、J・B・ヘールはアメリカカンバーランド教会に女性宣教師の派遣を要請しました。

(2) カンバーランド長老教会 Women's Board of Mission と校名ウヰルミナ

J・B・ヘールが田辺に拠点を置き、紀伊半島一帯を巡り歩いた結果、女性への働きかけの必要があると判断しました。一八八〇年カンバーランド長老教会 Women's Board of Mission を設立、A・M・オル、J・L・レヴィットの二人が、一八八一年一一月二一日に日本へ派遣されています。オル、レヴィットの到着後、カンバーランド長老教会ウィメンズボードは、日本に学校を設立することを活動の中心に据え、二年後にA・M・ドレナンが派遣されました。女性たちを日本へ呼んだのはJ・B・ヘールですが、彼は和歌山伝道を継続し、学校設立のリーダーシップを兄のA・D・ヘールとドレナンに渡しています。そして、ドレナン来日の翌年、一八八四年一月七日、川口居留地内では三番目となる学校が開設されました。

紀伊半島への伝道活動から女性宣教師の招聘、そして学校設立へと進められた経緯について、以下のように記述されていることは、後述の戦後直後の社会制度の変化とキリスト教の関係を読み解く上で重要です。

女性宣教師は、遠い国から神の善意を体現するために来て、教育を通して女性の地位向上に貢献したと理解されていた。しかし一方で、欧米風の教育を受けた女性との結婚を望む有産階級の風潮を利用して、女子教育によって有力者にキリスト教をいち早く広めたい宣教師側の思いもあったようだ。(8)

女学校の設立や運営が、「有力者にキリスト教を広めたい」がためのものであったという批判には驚きです。しかし「さもありなん」と思えるのは、現代においてもキリスト教学校をキリスト教布教の道具とみなすあり方は皆無ではないからではないでしょうか。だとすれば、女学校で学ぶ女性たちに期待されていることはキリスト教信仰を得て、彼女たちが結婚するであろう、ある程度の財力を持つ日本人の非キリスト者らに手っ取り早く布教することとなります。実際の学校運営はそのような目的を露骨に表明することはありませんし、現場でそれが意識化されることもないでしょう。しかし、このような戦前からある女学校は戦後の教育制度の大改革の中で、何を保持し、何に適応しようとするのかを想像していく必要があります。

J・B・ヘールの要請に応えWomen's Board of Missionから派遣されてきた女性宣教師たちの

連携は看過できません。A・D・ヘールの配偶者レイチェル・リンゼイ・ヘールは、大阪市内の紡績工場で働く女性たちに週に一回、宗教講話を行なっていました。その講話を聞いた女性の中の数名が、ドレナンが主催していた聖書学校で学び、日本人女性伝道者として教育を受けています。もともと、学校設立の構想は、伝道者養成、女子教育、英語教育、そして児童養護施設のための教育という四点を柱にしたものでした。その意味で、レイチェル、そして夫ヘール、さらにドレインはこの構想を共有し、有機的に活動を展開しました。しかし、現場である日本で立案されている学校設立構想と、派遣母体であるカンバーランド長老教会の財的状況とは噛み合わなかったようです。特に財源は深刻な問題で、A・D・ヘールは資金を本国に要請しました。カンバーランド長老教会が、日本に女子学校を設立するための寄付活動を行なった際、テキサス州に住む農民であったウィリアム・サンダースが、先立った妻アミーナ・サンダースの記念に、総費用の半分にあたる巨額の献金をしたことで、財源が確保できました。そのため、この女子学校の名称は、ウィリアムとアミーナ二人の名前を合成し、ウヰルミナ女学校と名付けられました。

戦中、「敵性語」使用の取り締まりを受け、多くのキリスト教学校名が改称される中、大阪女学院は、他校とは異なる意味づけを持って改名しています。ウヰルミナはそもそも英語ではなく、この世には存在しない単語でしたから、改名の必要はありません。しかし、戦中、この言葉も敵性語と見做されたのです。ただし、校内では、ウヰルミナを泣く泣く手放したという感はなかったようです。むしろ大阪女学院という名称を持つことによってヘールたちの学校設立の構想に則することができるという積極的な評価をしているのです。ヘールが指揮した学校設立構想は、伝道者養成と大阪における女子教育とそれを通じてキリスト教布教をすることでした。大阪女学院という名称の方が中身を表すにふさわしいとさえ思われたようです。そういう意味では、他校とは異なる改称経緯です。

(3) 戦前の学校令訓令と大阪女学院

女子教育機関設立のための女性宣教師派遣とその資金要請を開始し、開学、活動を継続する背後には、明治政府による学制変更があります。この期間のキリスト教教育、女子教育を概観するための重要な学制に関する訓令は以下のとおりです。

① 女子教育ニ関スル件（明治二十六年七月二十二日文部省訓令第八号）

普通教育ノ必要ハ男女ニ於テ差別アルコトナク且女子ノ教育ハ将来家庭教育ニ至大ノ関係ヲ有スルモノナリ現在学齢児童百人中修学者ハ五十人強ニシテ其ノ中女子ハ僅ニ十五人強ニ過キス今不就学女子ノ父兄ヲ勧誘シテ就学セシムルコトヲ怠ラサルヘキト同時ニ女子ノ為ニ其教科ヲ益々実用ニ近切ナラシメサルヘカラス裁縫ハ女子ノ生活ニ於テ最モ必要ナルモノナリ故ニ地方ノ情況ニ依リ成ルヘク小学校ノ教科目ニ裁縫ヲ加フルヲ要ス

裁縫ノ教員正当ノ資格アル者ヲ得難キノ場合ニ於テ一時雇員ヲ以テ之ニ充ツルモ妨ナシト雖其ノ人ノ性行ニ関シテ採用ノ際深ク注意ヲ加ヘンコトヲ要ス

これは、ウヰルミナ女学校開学の半年前に発布された訓令八号です。ここでは、戦中においても「男女共に教育機会を保障されるべき」と主張されています。ただし別学、別科目が前提です。訓令の中に当時の女性の割合が盛り込まれています。学齢期の子どもの五割しか学校で学んでいないこと、その中で女性は一五人しかいないことが指摘されています。さらに科目内に裁縫の設置が義務付けられています。ところが、ウヰルミナ女学校の初年度科目には、裁縫の記録がありません。開学三年後に編み物、そして専科として裁縫を設置し、この訓令に適合させていきます。もう一つの見るべき重要な訓令は、宗教教育に関するものです。

② 一般ノ教育ヲシテ宗教外ニ特立セシムルノ件（明治三十二年八月三日文部省訓令十二号[9]）

一般ノ教育ヲシテ宗教ノ外ニ特立セシムルハ学政上最必要トス依テ官立公立学校及学科課程ニ関シ法令ノ規定アル学校ニ於テハ課程外タリトモ宗教上ノ教育ヲ施シ又ハ宗教上ノ儀式ヲ行フコトヲ許ササルヘシ

ここでは、明確に宗教教育が制限されています。礼拝もダメです。ただし、それは官立公立学校においてはということです。ミッションボードによる私学はその範囲ではありませんが、同時に公的な教育機関とはみなされなかったのです。ですから、訓令に何らとらわれずに、裁縫の採用も本来は必要ないはずです。しかし、完全に社会制度から除外された形での教育活動は継続が難しくなります。しかし宗教上の儀礼を完全に排除することは、開学の重要な目的であるキリスト教化は果たせません。いわば板挟みの選択を余儀なくされたのです。もう少し、開学当初の教育内容について、手記を通じてその実際を見ていきましょう。

(4) 教育内容――手記より

川島米《かわしまよね》、愛川栄《あいかわえい》、鈴木初《すずきはつ》が、開校三〇周年に寄せた手記からはウヰルミナ女学校当初の様子がうかがえます。ウヰルミナ女学校は、三人の生徒、五人の教員、一人の舎監により開学され、当初から英語で授業は行われそれが日本語通訳されていました。

八時からの三〇分間、日本人教師が聖書朗読、祈り、賛美の指導を行い、その後、授業がありました。授業科目は五科目で、英語、国語、漢学、音楽、聖書注解とあります。確かに、そこには、裁縫がありません。

第一期生徒は、ウヰルミナ女学校開学準備が整うまでは同志社女学校に預けられていました。大阪一致女学校（アメリカ北長老教会）では、英語、数学、漢学、和文、唱歌、体操、編み物が教えられていました。先ほど指摘した通り、訓令に則っています。午後からは別科として生徒ではなく近隣の女性が英語、編み物、洋服裁縫などを習いに来ていたとあります。大阪一致女学校は社会的に「女子教育機関」と認知されることができたでしょう。学生は、本科生一二名、午後からの別科には一〇名ほどが出入りしていたと証言されています。(10)

浪華女学校との合併までの川口居留地での女学院の様子について、第一期生の手記にはこのようにあります。

川口の二二番にドイツ商人の事務所に使用していた平家の奇妙不思議な建物でした。何しろたった一室で、その室の隅の方の小高いところに畳の五、六枚も敷きましたろうか、すなわち、その所は私たちの寄宿舎なんです。そして外は教場として使用しました。机でも椅子でもその粗末な不細工なものと言ったら、今時あんなものを用いている学校などは、どこを探してもあるまいと思うくらいのものでした。（川島米[11]）

この後、生徒数が増え、二二番の後方にあったイギリス人の住居を購入し、寄宿舎としています。一方、大阪一致女学校（浪華女学校）は生徒数が多く早々に移転を繰り返し、ウヰルミナ女学校との合併によって玉造の地を取得、教育内容をウヰルミナ、建物、土地を浪華というような合併であったのではないかと推測されます。宗教教育を続けている私設学校ながら、多くの生徒が集められ、認知度も上がったように思えますが、浪華女学校出身の創初期の生徒、細合初の手記には次の通りあります。

当時は女子教育の盛んな時代で、今に内地雑居になれば、お隣にもお向かいにも西洋人が住居せられるようになる。そのときに英語を知らなければならぬと、皆人が思っていたのでございます。それも長くは続きませんので、その次には保守とか国粋保存とかいう言葉を仕切りに用いる世の中となりまして、いずれの女学校も同様、生徒は減じました。この校も誠に寂寞《せきばく》たるものとなりました……全校生徒の数は二〇名内外となりました。(12)

社会の風潮に左右される女子教育の現実を知らされます。上述の生徒数減退期は一八九〇年初頭のことと推察できます。この生徒数減退の時期にも、わずかな生徒に対して教員数を減じることなく教育がなされていたようです。女子教育、英語教育への評価は社会状況を直に反映したのです。女子教育、英語教育の開始への反動として挙げられる社会の変化は、次のようなものです。西村茂樹による日本弘道会（一八八七年）、また三宅雪嶺、志賀重昂、杉浦重剛らによる政教社の設立（一八八八年）、そして一八九四年には日清戦争が始まり帝国主義、国家主義が主張されました。特に、一八九九年「私立学校令」、「訓令一二号」で宗教教育の規制を受けたことにより、ウヰルミナ女学校は四ヶ月間休校しています。その間に対策を講じた結果、各種学校と見做されたとしても、宗教教育の継続を選択しました。この時の選択は、宗教教育を優先することでした。

五年後の浪華女学校との合併、玉造移転時には、生徒数も回復していました。いわば、板挟みの選択のうち、宗教教育継続に舵を切った代価として、上級学校への進学資格を失う学校となってしまいます。しかし、ウヰルミナへの入学希望者は減少することがなく、玉造移転の八年後、一九一二年には文部省指定校となっています。宗教活動を継続しているので建前は資格外学校ですが、実質的に選ばれる学校であることから、指定を獲得したわけです。

訓令発令は、明治期の女子教育、英語教育、そして宗教教育への規制、統制、教育内容に対する政治的介入の象徴でした。ではそれは明治期の負の遺産と片付けることができるでしょうか。私は、この時の大きな舵切りの精神性が、戦後直後にも要請され、そして現代にも要請されているのではないかと考えさせられています。

(5) 軍国化への協力

文部省認可校となったウヰルミナ女学校は、開学四〇年後、一九二五(大正一四)年に、大阪神学院から森田金之助を校長として招聘しました。森田は、ウヰルミナ女学校初の日本人校長です。太平洋戦争中、および太平洋戦争後のウヰルミナ女学校、大阪女学院の運営を指揮したのが森田です。

一二五周年記念寄せ書き集には、一九三〇年代にはウヰルミナ女学校の生徒数は千人を超えており、校庭でのページェント、北海道旅行、私市《きさいち》での農作、スケート、寒中登山をはじめ、日々の礼拝の様子、英語礼拝の様子が綴られています。ちなみにスケートについては私が在学中(一九八五年~)にも現存していました。

その中に所々、室戸台風(一九三四年九月)で被災した生徒の体験、また一九三七年満州事変に際し、ウヰルミナ女学校生徒、土屋梢が通訳として広東へ行ったことが取り上げられています。

一九三七年以降、生徒が、夏休み中に冬の軍服にミシンをかけ、陸軍病院への慰問、また勤労奉仕が行われていた様子が記録されています。毎日の礼拝は行われていても、学習がほとんどなされず、体力増進のための歩行訓練、学校対抗で、校旗を掲げて二〇キロメートルを歩行する、戦地への慰問袋の製作が行われ、夜間は防空訓練がありました。陸軍造兵廠《ぞうへいしょう》中島工場、鐘紡《かねぼう》の工場、森下仁丹工場、ライオン歯磨工場へ生徒は通っていました。アメリカからきた教員が警察署へ連行され勾留、強制帰国させられました。飛行機献納運動にも参加し、大阪女学院号一機に当時の五万円が捧げられました。飛行機献納運動は、満州事変以降、「将士の武勲を祈り」「将士に感謝の熱意」を示すべく、兵器献納品の最優先として行われたものです。このように、明治以降、戦中の教育政策の中で、上級学校への進学資格と引き換えにしてもなお、キリスト教教育に留まるように舵を切った大阪女学院は、同時に戦争協力もしました。そして空襲により校舎を失い、敗戦を迎えました。

第三節　女性の教育機会拡大政策

明治期以降行われてきた女子教育は、敗戦後どのように変化するのでしょうか。ＧＨＱは、男女間の教育機会均等を目標としました。ところが、日本政府による「刷新要綱」では、機会均等が、男女共学化問題と変質されています。共学化に踏み切った学校が、その後一〇年も経たぬうちに、共学廃止の声が高まり別学化する学校が出てきました(13)。

さらに高等教育機関としての要件に満たない専門学校、高等女学校の中には大学への昇格ではなく、短期大学としての存続の道を選択することになった学校があります。このような例は、前節で見た大阪女学院の板挟みの中の選択を想起させられます。戦前から女子教育の機会拡大に向け活動してきた女性キリスト教教育者らはこれに対してどんな発言をしてきたでしょうか。そして、それらの活動が、戦後直後の女性の教育機会拡大にいかに反映したのでしょうか。ここでは、特に、GHQのCIE（民間情報教育局）と日本側教育課委員会の活動記録から、短期大学設置への経緯を考察し、女性の人権と教育機会向上について、そしてその時にキリスト教学校、キリスト者の教育者が果たした役割について考えます。

(1) 女子教育に関わる主な出来事

まず、戦後直後の女子教育に関わる主な出来事（教育基本法制定まで）を見てみましょう。

一九四五年　九月一五日　「新日本建設ノ教育方針」発表。女子教育については述べられていない。
　　　　　　九月二一日　「ボールズ草案」（日本教育制度）が地域委員会にて審議、「日本教育制度の改訂のための政策」が形成される。
　　　　　　九月二二日　GHQ、CIE（Civil Information and Educational Section 民間情報教育局）の設置（一九五二年四月二八日まで）。
　　　　　　一〇月　九日　文部大臣前田多門は、女子教育関係者らを文部省に招聘し懇談会を開催。
　　　　　　一〇月一一日　マッカーサー　口頭にて日本民主化のための五大改革指令（選挙権による

女性の解放、労組結成の促進、学校教育の民主化、秘密諮問制度の撤廃、経済組織の民主化）。

一〇月一五日・一六日　「新日本建設ノ教育方針」の徹底のための新教育方針中央講習会にて「女子教育の水準向上」を掲げる（文部大臣）。

一〇月二二日　「日本教育制度に対する管理政策」（ＧＨＱ）

一〇月二三日　「日本における教育：結論」がＣＩＥによって発行される。この中に、「男女の教育機会の均等の増大」「女性教員への信頼の重視」「高等学校及び大学における男女共学」の方策が掲げられる。また日本の教育改革立案を担うアメリカ教育使節団の必要性が述べられている。

一〇月三〇日　「教育及教育関係官ノ調査、除外、認可ニ関スル件」（ＧＨＱ）

一一月　二日　文部大臣は都道府県知事との対談で、「女子の政治参加実現のため、その前提として、女子教育レベルの向上」に言及。

一一月三〇日　東京女子高等師範学校が「女子帝国大学」への昇格申請提出。ＣＩＥにおいて機構再編。宗教課と教育課は独立した課として設置される。教育課の活動は一月以降。

一二月　一日　「新日本教育に関する意見」を発表（新日本教育研究調査会）。女子教育の向上について述べる。

一二月　四日　日本政府「女子教育刷新要綱」発表。

一二月　六日　「オフィス・メモランダム」の提出。ここでは「教育のあらゆる分野に女性教員を登用すること」が明示される。
一二月一五日　「国家神道、神社神道ニ対スル政府ノ保証、支援、保全、監督並ニ交付ノ廃止ニ関スル件」（ＧＨＱ）
一二月三一日　「修身、日本歴史及ビ地理停止ニ関スル件」（ＧＨＱ）
一九四六年
一月　四日　マッカーサーは教育に関する使節団員の人選と派遣をアメリカ国務省に要請。
一月　八日　極東小委員会「日本人の再方向づけのための積極政策」承認。日本人の再教育は、情報、教育、宗教の情報路を通じて行うことを確認。
一月　九日　ＧＨＱが日本政府に対し、教育使節団への協力を要請。
二月　二日　日本政府　教育家委員会の設置、河井道、星野あいの二人の女性を含む二九人で構成（裏話としては、もともと、前年一〇月の時点で構成されていたメンバーを大幅に変更。渡米経験者、キリスト教徒に入れ替えた）。
三月　五日　第一次使節団来日。
三月　七日〜一四日　総会・委員会の開催。ＣＩＥによる講義。
一五日〜一九日　京都・奈良視察旅行。
二〇日〜二五日　報告書の検討、日本側教育家委員会報告。
三〇日　ＧＨＱへの報告書提出。

四月　七日　使節団報告書の公表。
八月一〇日　教育家委員会は教育刷新委員会と改変される（一九四九年には教育刷新審議会と改名、一九五二年解散）。
八月二七日　「日本教育制度の改訂のための政策」提案、九月五日に承認。
前年からの九ヶ月余りの間、日本の教育制度改訂は日本人再教育計画に統合される。
ここで指摘されているのは、教育の担い手として女性を登用すること、再教育、民主化政策の一環として、男女平等教育が位置付けられていたことである。
戦前の教育制度の欠点は女子の低い知的水準、高等女学校の教育水準の低さ、良妻賢母を目的として教育が行われていることであると分析。是正策として男女共学がアジェンダの一つに挙げられ、女子への大学の開放、男子大学と同レベルの女子大学の設置のための財政援助の必要が挙げられている。
一九四七年　三月三一日　教育基本法交付・制定（旧法）。

(2)　短期大学の設置

日本において短期大学は女子教育機関であると認識される傾向が強いです。統計上も、戦後直後から一九九〇年代に女性の進路選択に大きな変動が起こるまでは、四年制大学への女性の進学率は低く、短期大学が選択されてきたことがわかります。記録のある学校基本台帳の年度別統計によれば、短期大学が設置されるようになった当初は、私立短期大学における学生数は男性が女性を上回っていました。しかし、一九五四年になると逆転、一九六〇年には私立短期大学に在籍する女性四万八千人に対し、男性は夜間部を含め一万五千人で三分の一以下です。昼間部の学生は設置当初から女性学生の数が男性学生よりも多く、そのまま増加で推移しました。一九六五年には女性の学生数は一〇万人を超えています。

この結果に加え、私立短期大学では公立短期大学よりも当初から女性学生数が多い傾向にありました。ここから、短期大学が女性の教育機会の受け皿として認知されていたとわかります。

しかし、一方で短期大学設置の経緯は女性の教育機会拡大のためではなかったのです。短期大学の誕生に関する先行研究は多くあります。いずれにおいても一九四九年新制大学発足から一年後、新制大学制度には条件不足のため昇格できなかった旧制大学・高等学校・専門学校に対する暫定的な地位としての苦肉の策であったことが指摘されています。つまり、条件を整える体力を当時持ち得なかったところの救済策だったのです。

GHQが第一次教育使節団報告を受け、学校教育法による学制が整えられていく経緯の中で、「苦肉の策」で捻り生まれたのが短期大学制度で、そもそも、女性の教育機会向上がその目的では全くなかったという見解が優勢ですが、一方で、教育刷新委員会では短期大学設置は女性の教育のためという見解も述べられていました。そういう意味では利害が一致し、短期大学設置は救済策としても、また女性の教育機会のために機能する受け皿ともなったのです。

旧制度下で女性の高等教育の推進をしたのはキリスト教ミッション系学校でした。戦後直後、新制度制定を待たずに官立総合女子大学設立の請願が提出されました。奈良女子帝国大学の設置要請が出されるなど女子大学設置の動きは急速に高まったのです。その際、ミッション系学校は、大学設立要請ができる条件を備えた大学と、その要件に満たないため短期大学化するものとの分かれ道に立たされました。

一九四九年四月の新制大学設置に先立ち、一九四八年四月には、公立一校、私立一一校、合計一二校の大学が発足しています。その中には神戸女学院大学、聖心女子大学、津田塾大学、東京女子大学、日本女子大学の女子大学が五校ありました。このうち三校は、キリスト教学校です。

ＣＩＥは民主化促進のためにもキリスト教ミッション系女子大学設置を重要視しました。この精神性は、大阪女学院創設の際に残されていた布教を目的としていたことにそのモデルを発見できます。教育制度と宗教伝道は密接に絡み合っていたのです。

新制度施行を待たずして大学として発足した機関があるにもかかわらず、一方では戦争末期から戦後直後にかけて急増した女子専門学校のほとんどは大学設置要件を満たせませんでした。現存する専門学校と女性教育機会拡大との両者の要請が、短期大学設置を引き出したのです。

(3)　教育刷新委員会議論

教育刷新委員会とは、ＧＨＱの政策に伴い設置された委員会で、アメリカからの使節団の受け入れ及び新制度提案の任務を担っていました。第二回会議録には女性の教育機会拡大、特に高等教育についての審議を優先させる要請があったことが記録されています。一九四六年九月の時点では、刷新委員会において女性の高等教育機会拡大に着手することは共通認識として委員の合意がありました。翌月一〇月一一日の委員会では、星野あいは、女性の高等教育が私学に委ねられており、政府は関心を払ってこなかったことを批判しています。しかしその指摘に対して向き合った議論の記録はありません。その後、さらに星野は「専門学校にとどまらず、リベラルな教育を与え、男子も女子も同等の教育を」と提言しました（一〇月二五日）。これが、専門学校廃止論の初動です。そして、この星野の発言の中で「男子も女子も同等の教育」とあることが、リベラルな教育機会が女性に開かれることが、男女共学化であると混同されていくのです。教育刷新委員会の中で、一九四七年三月、河井道は次の通り述べています。

女子の方面はどの女子の専門学校も大学になろうとは考えられませんし、又できませんことでございます。大概のところは、専門学校の程度で終わりたいという志願者が、女子の専門学校に多いのでございます。いろいろ夫人の立場といたしまして、長い年限を学校に与えることができないと言うのが、女子の立場でございます。

これは大学への昇格が条件によって不可能なだけではなく女性自身が四年間もの間を学業に注ぐことが困難な実情を述べた最初の意見です。そしてこの発言の後、河井道は短期大学設立を主張するようになりました。

河井道は続いて、一九四七年一一月二八日に行われた委員会において、女子教育と男子教育が初等教育段階でも異なる教育のジェンダーを指摘しました。女性には二年もしくは三年のジュニア・カレッヂの必要があると述べています。河井は、女性は男性との別学が相応しいと考えており、その後、一二月の委員会においても本当は四年制大学に女性が入学することが望ましいが、それが経済的な理由によって実現しないことを踏まえ、まずは二年制の教育機会を開くことを求めました。その時の発言記録にはこのようにあります。

日本におきましても、四年程度の女子の大学は本当に必要だと思います。女子には入れるものがまだなかなか少ないのであります。それでございますから、私は二年となさいますか、三年となさいますか、ここでは存じませんけれども、ジュニヤ・カレッヂはどうしても女子教育に要ると思います。ここに暫定的にということがありますから、私はある学校は暫定的でも宜しい。

星野は津田塾専門学校を、河井は恵泉女子専門学校を代表していました。この二人だけが委員会中の女性でしたが、それぞれが見解を異にしていたのです。つまり女性にも四年制大学での教育機会を与えるべきとする星野、短期大学設置によってより多くの女性が高等教育に触れる機会を拡大すべきという河井。この後、女性に四年制大学への入学を推進することは委員会で主題とはならなくなりました。こうして、短期大学設置についてが女子教育機会の向上の主なテーマになったのです。星野もまた、のちに河井の意見に賛同の意を表明し、二年制の大学の設置を求めることとなりました。

しかし、委員会内の議論では、「大学という名前をつけるのには四年制が相応しいのであって、二年制に大学という名をつけるのは世界の信用を失う」（羽溪了諦）とすら述べられた経緯もありました。

(4) 移行困難な暫定措置としての二年制大学設置

上述の議論から、戦後直後の女性への教育機会拡大をめぐっては三つの流れがあったことがわかります。①四年制大学への女性の入学を推進する（星野、根本的には河井も）、②短期大学設置によってより多くの女性への教育を充実させようとする（河井、後に星野も）、③女性の高等教育機関には大学という名前をつける必要はない（羽溪了諦）。

これらの議論の一年後、一九四八年一二月新制度大学への移行困難な専門学校への救済措置として、二年生大学の設置が発表されました。明確に、この措置は、新制度施行を遅延させないための暫定的措置で、二年制大学とは四年制大学の前期期間の教育機関を指すことが明言されていました。これに河井は女性への教育機会拡大が可能となるとの理由で賛成しています。

一九四九年からは新制大学制度がスタートし、その後、一九五〇年より短期大学を女子高等教育の機会拡大の措置としての意味も含めて設置が決定されたのです。この設置に際しては当初からの議論である、大学昇格が困難な期間への暫定措置であることと、女性への機会拡大のためとの二重の意味が付随しており、その後、「当分の間」有効な制度であるとしたことが問題となり、暫定的な措置ではなくあくまでも女性の教育機関として設置するべきとの意見が強調されることとなりました。しかし、新制度が、六、三、三、四と定めた教育のメインラインに対して、二年というオプションが加えられることに対しての反対意見があるままに、そして二重の意味を内包したままに短期大学制度は誕生しました。

短期大学制度の誕生の経緯を見ると、ＧＨＱが掲げた女性政策と、それまでの日本における別学制度、とりわけ、女子教育機関に組み込まれていたジェンダー意識が拮抗していたことがわかります。このような複雑な経緯で誕生した短期大学制度は、女子教育機関としての別学大学への暫定的な制度のはずでしたが、河井が当初指摘していた通り女子教育機関としての役割にフィットした年限の新たな教育機関として機能しました。そしてその制度は現在にも踏襲されています。委員会内で発言をすることができた星野、河井の両者が代表した二校はそもそも新制度要件を満たし、大学昇格を果たすことができた学校です。その点では彼女たちがどれほどの「臨場感」をもって、暫定的措置としての短期大学化され別学を維持することに貢献したのかは、批判的に検証する必要があるでしょう。

結びにかえて

戦後、ＧＨＱ主導の女性政策では、「日本的」なジェンダーバイアスが保存されました。財政不足にもまして、そもそもの天皇制下で慣習化された女性の地位を、教科書を墨で塗るように変更することは容易いことではありませんでした。そこで、常に選択が要求されてきたのです。教育政策をたどると、女性の教育機会の向上が要請されていたのに、男女共学化議論にすり替わってしまったこともわかりました。

それによって、別学のままであることイコール、前時代的（女性の地位がまだ低い）であるようにみなされました。別学は女性の地位向上とは逆ベクトルの象徴にもなったのです。しかし、二年制大学設置で、表向きの女性の教育機会向上要請は満たされたという複雑さもわかりました。アメリカに留学経験のある女性教育者、別学高等教育機関の責任者であった星野、河井は、板挟みの選択を強いられながら、女性が別学で高等教育を受ける機会を確保することを辛くも探ったのです。かつてキリスト教学校が宗教儀礼の継続のために選択を余儀なくされたように。

キリスト教学校がそもそも布教目的で別学をスタートさせていたことは、その時だけの話ではありませんでした。戦後直後の女性政策と響き合う形で、教育政策上は解消されるべき課題であった別学が温存されることになります。そして大阪女学院の戦中の例のように、学校が民衆から認知され、信頼を得ることによって維持されたように、別学イコール旧体制という政策上の眼差しを別学教育機関は突破し得たのかもしれません。こうして、キリスト教学校は、キリスト教化という特別な「ミッション」を再度担う受け皿になれたのです。

アメリカから送られてきた多額の献金で建てられた校舎を、アメリカによる空襲で消失し、さらにアメリカからの教育政策の中でサバイブした、別学キリスト教学校の歩みからは、「布教」「伝道」とは一体何なのだろうという問いが噴出しています。

注

（1）中川善之助「民法改正余話」『ジュリスト』九三六号、一九八九年、九五頁。
（2）横山文野『戦後日本の女性政策』勁草書房、二〇〇二年、二七頁。
（3）天野正子・桜井厚『「モノと女」の戦後史——身体性・家庭性・社会性を軸に』有信堂高文社、一九九二年、五頁。
（4）天野は洗濯機を例にあげる。洗濯機が導入されることと、無意識下の清浄志向が合成洗剤の「進化」を促したことを挙げる。そして女性の清浄化は、外部に対する身体拡張を起こしたことを指摘している。
（5）現行法の中学校、高等学校にあたる。中学校が中等教育前期、高等学校が後期と称される。
（6）『大阪女学院のキリスト教教育　1884−2022』大阪女学院教育研究センター、二〇二二年、六頁。
（7）現在の日本基督教団大阪東教会。

（8）『大阪女学院のキリスト教教育　1884–2022』、九頁。
（9）この訓令発布に関する詳細な議論は、高瀬航平「一八九九年文部省訓令第一二号の成立過程における学校教育と宗教の関係の再編――法典調査会の議事録を中心に」『宗教研究』九五号一輯、一五一－一七四頁、日本宗教学会、二〇二一年を参照のこと。
（10）大阪女学院『東雲の丘の学校』二〇一〇年、一〇－一一頁。
（11）大阪女学院『東雲の丘の学校二』二〇一三年、二頁。
（12）同上、八頁。
（13）小山静子『戦後教育のジェンダー秩序』勁草書房、二〇〇九年、五〇頁。

第七章　敗戦直後の地方のキリスト教

——長崎の場合

原　誠

はじめに

わたしたちの課題は、敗戦直後の日本の地方の教会がキリスト教信仰を基として敗戦をどのように受け止め、それがその後の教会の有り様にどのような変化を与えたかを検討することです。教会は地域にあり、戦災にあった教会、そうでない教会などそれぞれに多様な歴史を刻みました。そのようななかで多くの教会が『一〇〇年史』などを出版してきました。これらを念頭に置きながら、ここでは地方のキリスト教の働きとして長崎の教会、学校などを取り上げてケース・スタディを行います。長崎の場合、いうまでもなく原爆の被害を受けました。この状況のなかで長崎のキリスト教（界）はこの時期をどのように受け止めたのでしょうか。

戦時下と戦後の教会を明確に分けたことがらの一つが礼拝の式順に表れています。「国民儀礼」です。これを紹介しているのが『霊南坂教会一〇〇年史』です。これによれば一九四二年一二月一七日に教団総務部長名で通達が出され、霊南坂教会での「国民儀礼」の開始は四二年一二月一六日の朝礼拝からであったと記しています。その内容は礼拝を始める前に宮城遥拝、君が代斉唱を行うということでした。具体的手順は以下の通りです。一、鐘鳴る 会衆起立、不動姿勢を取る 二、教職者入場、三、鐘止む 会衆右向け宮城を向く 四、国歌奏楽 総員最敬礼 五、キーミーガーアーヨーオーハーまで済むと総員直れ、上体を起こす 六、国歌奏楽中 そのまま黙禱（出征軍人傷痍軍人戦没軍人並遺族の為、又大東亜戦完遂の為め） 七、国歌奏楽終る 会衆左向け 八、教職者着席 九、会衆着席 一〇、礼拝開始奏楽始まる。(1) これが宗教団体法下の教団の礼拝の方法で全国の教会はこれに従いました。

戦時下の教会の有り様についておそらく戦後の最も早い時期に記されたのが、それでも戦後一四年後に出版された安藤肇の『深き淵より――キリスト教の戦争経験』(2)（長崎キリスト者平和の会、一九五九年）でしょう。安藤肇自身は戦時下と被爆の長崎を体験したわけではありません。彼は一九五二年に青山学院を卒業後、後述する長崎平和記念教会の第二代牧師、日本人としては最初の牧師として赴任しました。その意味では戦後第一世代の牧師です。彼はその後「長崎キリスト者平和の会」に参加するなどキリスト教会の戦争責任について発言した人物です。彼にとって問いとしたことは、キリシタン時代に多くの殉教者を出した長崎が、この戦争にどのように向き合ったのかというものでした。それを要約すると、敗戦によってそれまでの「帝国の権力」が消滅したが、敗戦の翌日から「今まで言うべくして言えなかった私たちの信念を、あらん限りの力をこめて語ったであろうか」と述べて、戦時下の信仰者の有り様を告白します。そのなかでは「今や敗戦によって、帝国の権力は音をたてて地に墜ちたのである。もはやわれわれをおどし、捕え、処罰するものは消え去ったのである。では私たちは敗戦の翌日から、今まで言うべくして言えなかった私たちの信念を、あらん限りの力をこめて語ったであろうか。もし私たちが敗戦と同時に、卑怯であった自分の罪を心から悔いて、あらん限りの力で自己の信念に従って行動したならば、第二列の恥辱の万分の一もそそげたかもしれない。しかし事実はそうではなかった[3]」と述べ、活水学院の職員の敗戦の翌日の記録を取り上げて「敗戦の翌日の活水学院はなんらなす所もなく、職員会議すら開けなかった[4]」として、これまで「軍国主義に対して、戦争に対してはげしい批判を内心に持ちつづけてきたならば、敗戦の翌日にはただちに職員会議を開くべきではなかったろうか[5]」と。そして「敗戦後も勅語や御真影はいともていちょうに取り扱われた[6]」と記しています。続けて「旧約聖書の昔から、モーセの十戒の時から、いっさいの偶像崇拝とはげしく闘い、信仰の純潔を守ってきたキリスト教、そのキリスト教主義の学校が、共産党ですら天皇制廃止をさけんでいる時、なぜかくもていちょうに一枚の紙をはこばなければならないのであろうか[7]」と指摘し、今度は占領軍が与えた自由とその教育も「これはすべて上からの命令によって与えられた自由であった」、「われわれは十分に活用することができなかった[8]」と指摘しました。

この時、わたしたちが留意しなければならないことは、安藤が記すように敗戦によって「帝国の権力」の消滅を、当時の教会がこれらをどのような体験として受け止めたのかということです。祖国日本の敗戦ということと信仰によって生きるということの中における「連読」と「非連続」をどのように受け止めたのか、ということです。ここにわたしたちの問いと課題があります。

第一節　地方教会の事例——教会史、教会資料から

それでは各地に存在した教会は、戦時下と戦後のただなかを過ごした信仰者にとってその経験は教会史のなかでどのように記されているか、筆者が参照できたいくつかの教会史から検討してみます。

『高知教会百年史』[9]は、一九四五年七月一日の礼拝では「皇紀二〇六五年」と記し、礼拝は「国民儀礼」から始まっています。説教題「祈によらざれば」、祈禱（特に祖国必勝のために）とあります[10]。高知教会は七月四日の空襲で会堂、付属建物は全焼しました。戦後の一九四五年一一月四日に占領軍が焼跡の高知に進駐してき、一二月二五日のクリスマス礼拝の出席は二七〇名、その前の礼拝出席は三〇名、元旦礼拝は五一名の出席とあります[11]。「儀礼」については記されていません。

群馬県の『原市教会百年史』[12]には、一九四五年になると「紙不足のため週報用紙が無くなり……」という状況になり、敗戦直後の八月二〇日の礼拝は大詔奉戴日であり、柏木隼雄牧師は礼拝で「舌を制せよ」と題して説教し、夕拝後必勝祈禱会を執行しました。出席一四名とあります。また二一日に柏木牧師は吾妻方面に出張し、中之条教会、原町教会、名久田各教会を問安し、集会、

説教を通して祖国再建を訴えて回ったと記されています。一二月二〇日にはアメリカ進駐軍従軍牧師ヒクソン大尉が原市国民学校で講演とあります。[13]「国民儀礼」についての記述はありません。

同じく群馬県の甘楽教会には当時の週報が残されています。それによれば一九四五年二月一八日に「戦時宗教報国会」が開催されたこと、二月二五日の礼拝には「国民儀礼」は記されていませんがそれ以外の週報には「国民儀礼」が礼拝の冒頭にあり、敗戦直後の八月一九日、二六日、九月九日の週報にも「国民儀礼」が掲載されており、週報自体に「敗戦」の記述はありません。この日の週報には「昭和二〇年八月一五日、この日が厳然たる歴史的事実であること、この日が悲哀の日か、希望の日か、今後の覚悟次第。直視することができない卑怯者は悲しめ。反省し得ぬ者は憤れ、国民一般に敗戦の何者であるかが分かっていないらしい、あるものは狼狽し、あるものはよそ事。極端なる解放がおこなわれよう」と記され、なぜか九月一六日の週報には「国民儀礼」に代わって「皇居遥拝」とあります。[14]以下、しばらく欠号で一一月二五日の礼拝も「国民儀礼」に代わってなぜか「皇居遥拝」とありますが週報に説明はありません。

先に「国民儀礼」について紹介した『霊南坂教会一〇〇年史』でも戦後の教会の転換について直接週報などからは示されていません。

以上、限られた教会史や教会資料からに明らかになることは、戦時下になされた「国民儀礼」がキリスト教信仰にとってどのような信仰的理解に基づいてなされていたか、自覚的であったかどうかが明確ではなかったということです。この状況は管見によれば全国の教会において等しく見られたものであったと思います。

教会においては礼拝の中で「国民儀礼」がなされ、他方、キリスト教学校においては安藤が記しているように「御真影」への取り扱いが問題となりました。

第二節　長崎という地域のキリスト教

ここでは地域としての長崎を取り上げてケース・スタディを試みますが、その前提として長崎のプロテスタント教会（界）の概略を『日本キリスト教歴史大事典』の「長崎」の項目から紹介します。

切支丹高札撤去後の一八七四年一二月に長崎公会［引用者注：長崎教会］が設立され、その後東山学院も設立された。これらがのちの一致教会鎮西中会を構成する母体となった。

またメソジスト派は、七三年デヴィソン・J・C・宣教師が長崎に到着し、七六年出島に出島美以教会を創立し、八一年に鎮西学院を、続いて活水学院を設立した。出島教会はのち長崎中央教会、さらに長崎銀屋町教会となった。バプテスト教会の伝道は九六年から、聖公会は七七年長崎に聖アンデレ神学校を開いて神学教育をしたがこの学校は八三年に閉鎖された。キリシタン以後、カトリックが強い長崎で、プロテスタント諸教派はいずれもミッション団体が教会と学校を設立して伝道がなされた。

宗教団体法によって成立した日本基督教団九州教区長崎支教区のうち長崎に存在した教会は以下の通りである。長崎教会、長崎古町教会（以上一部）、長崎銀屋町教会、長崎東山手教会、城山教会、長崎飽ノ浦教会（以上二部）、長崎馬町教会（三部）、長崎勝山教会（四部）であった。

プロテスタントのキリスト教系学校はともにメソジスト系の活水女学校、鎮西学院があった。鎮西学院は原爆によって壊滅状況になり、その後諫早に移転した。(15)

以上が長崎のキリスト教の概略です。

第三節　長崎の連合軍による統治の始まり

原爆を体験した長崎は、原爆の被害と敗戦に続く占領軍の統治の始まりをどのように記述しているかスケッチします。以下『ナガサキは語りつぐ』（長崎市編・長崎国際文化会館監修、一九九一年）の記述によります。

広島と長崎に投下した原子爆弾について、一九四五年九月五日にイギリスの新聞『デイリー・エクスプレス』にその現地報告が掲載されました。これによって初めて原爆による被害の実情とともに、生き残っている人びとがいまだに死んでいっていることの恐ろしさが報じられましたが、すぐにアメリカの原爆災害調査団は記者会見によって放射能障害による原爆症患者の存在を否定し、その後一九日にGHQ（連合国軍最高司令官総司令部）からプレスコード（報道管制）が正式に指令され、原爆災害の報道はまったく姿を消すことになりました。

一方、連合軍艦隊の長崎入港は九月二日から始まりました。その数は二十数隻。全国各地で解放された約一万人の捕虜を引き取り送還しました。九月二三日から二六日にかけて進駐軍の第一陣三三五〇名が長崎港に上陸しました。爆心地付近の駒場町の焼け跡では小型機の飛行場を建設中にブルドーザーが工場の残骸をかたづけるたびに白骨が現われ、道ゆく人びとも思わず合掌して冥福を祈ったといいます。

市民のなかには長崎市外へ避難する人も続きましたが、大部分の人は来たるべきものが来たという思いで、緊張と不安はおおうべくもありませんでしたが、比較的平静だったと記しています。

また長崎は中国大陸と最短距離にあり、古くから国際都市でありキリスト教布教の根拠地でもあったことから、戦前から外国人居住者は多く、戦時下で制限があったとはいえ、被爆の日に長崎にいた外国人は少なくなかったと考えられました。しかし、その外国人被爆者数は今日にいたっても、推定の域を出ません。

外国人被爆者のうち、もっとも多いと考えられるのは朝鮮人被爆者です。終戦時には、全国では約二〇〇万人前後、長崎県内に約六万人、市内に一万二〇〇〇から一万三〇〇〇人が居住していたといわれ、このうち単純に被爆による推定死亡率をあてはめると、爆心地から二・五キロメートル以内の死亡者数は約一四〇〇～二〇〇〇人とされています。一九七二年に韓国原爆被爆者協会は長崎の朝鮮人原爆被害者数を二万人、そのうち死亡者を一万人と推定し大きなくいちがいが生じています。さらに「創氏改名」によって強制的に日本人名をつけさせたことなどもあり日本人被爆者のなかに数えられてしまった人もいます。

その他の外国人被爆者については華僑六〇〇名といわれており、そのなかにかなりの被爆者がいたと推定されています。長崎医科大では就職、留学などによる台湾出身者の二三名の爆死が確認されています。中国では長崎で約六五〇名、うち死亡者は一五六名と推定され爆心地から約三・五キロにある修道院「聖母の騎士」に抑留されていた二、三〇人の外国人修道女が、また爆心地から一・七キロメートルの福岡俘虜収容所第一四分所にはイギリス人、オランダ人、アメリカ人、オーストラリア人がおり、原爆被爆当時、一七〇～二〇〇名ほどが長崎にいたとされ、大半は重軽傷、被爆死、八名が確認と記されています。[16]

長い説明ですが、ここには原爆の被害、敗戦と連合軍の進駐、原爆災害調査団とGHQによるプレスコード、長崎の市民のみならず外国人の被災者に言及するなど、さまざまなことを簡明に説明しています。

また『長崎市政六五年史』(後編、昭和三四年三月三一日)には「占領軍統治」という章のなかの「終戦と進駐」という項目のなかで、以下のように記されています。

一九四五年九月一一日、連合軍側は九州地区で解放された約一万の連合軍将兵(俘虜)引き取りのため病院船ヘブン号外輸送船・巡洋艦一隻・駆逐艦三隻・空母一隻等が長崎に入港し、ヘブン号は同日出島に接岸しました。同船入港に先立ち米軍第六軍付属俘虜引取医院長、大佐、同第五軍軍医部長一行が来着とあり、素早く占領地への進駐をすすめました。そして進駐の円滑化のために、一九四五年九月二一日内政部内に外務課を新設し、同月二三日、ハント少将麾下の連合軍進駐部隊特別陸戦隊第二師団第六連隊一部は正午大型輸送船二〇数隻をもって長崎に入港し午後二時から上陸、同夜は活水高等女学校・海星中学校に分宿しました。この日長崎地区進駐部隊指揮官ハント少将は長崎連絡委員会委員長永野県知事・谷口中将・豊島大佐他各委員を招致し、「降伏条件を遵守し確実に実行すること、具体的指示は追って発令する、調査報告の提出は正確を期するよう」総司令部の命令を伝達しました。進駐軍兵士の表情は意外にも明るく不安定な気持を抱いていた、市民の面持も狼狽はなく、澄みきった秋空のもとに当然迎えられるべくして迎えた平和な印象でありました。

このように記され平和裡に戦後が始まったことを記しています。市中は平静そのもので行き交う市民の顔にも動揺の色もみられなかったとあります(17)。

共通して記していることは、長崎の市民は、原爆の被害と敗戦を「緊張と不安はおおうべくもなかったが、比較的平静だった」、「平和裡に戦後が始まった」、「市中は平静そのもので行交う市民の顔にも動揺の色もみられなかった(18)」というところにあります。

第四節　占領軍・チャプレンと長崎の教会・キリスト教学校

最初に長崎市内のキリスト教学校とプロテスタント教会は原爆投下によってどのような被害を受けたか、『活水学院百年史』の記述を中心に記します。

鎮西学院は、爆心地からわずか五〇〇メートルの位置にあり、建物は倒壊し、原爆による犠牲者は教職員五名、生徒一〇二名（正確な数不明）、その他教職員の家族三〇名でした。倒壊した校舎に代わって長崎銀屋町教会が校舎として使用され、爆風によって倒壊に瀕した教会堂は鎮西学院の手によって修理されました。のちに鎮西学院は諫早市に移転します。

活水女学校は生徒八〇名、職員九名の生命が失われ、校舎も甚大な被害を受けました[19]。

城山教会は壊滅し、長崎銀屋町教会は爆風によって倒壊に瀕しました。長崎教会は四名の犠牲者を出し、会堂も甚大な被害を蒙りました。飽ノ浦教会は原爆投下以前に建物疎開によって破却されていました。長崎馬町教会と長崎古町教会はともに爆風によって大きな損傷を受けました[20]。

このような状況で戦後をむかえた長崎の学校と教会について以下に述べます。

戦後を迎えた長崎の教会や学校について出版されている歴史に関して、戦時下の「国民儀礼」「教育勅語」「御真影」の取り扱いについては、「はじめに」で述べた活水女学校が戦後も「御真影」を丁重に取り扱ったと記していますが、「御真影」は県庁に返還し、「教育勅語」は県立高女に預けたとあります。活水女学校では戦時下でも課外活動として毎日礼拝は守られ、修養会、組会、卒業礼拝も持たれていました。しかしそういう機会に説かれた説教ないし講演はどういうものであったか何も記していません。

こうして迎えた敗戦直後に『長崎新聞』の記事として、活水女学校では一九四五年九月二八日の日曜日の午後にキリスト教を通して日米信者の初会合が催され、「進駐軍からは特に第二師団から指定されたエルフリッジ・W・バートレイ中尉をはじめ海軍牧師のクラーク・リチャードー・クーパー師、ゼームス・L・ストパール師の三名、日本側からは武藤活水高女校長を始め四人の牧師と篤信の信者等が対応し、話しは日本の基督教が戦争中に受けた影響、日本における基督教の将来、基督教を通じた日米の友好親善について等尽きぬ信仰の話題が恩讐を越え、民族の垣を打ち除いてお互いの胸と胸に交ふ温かい信仰への誠をもって語り続けられた[21]」とあります。その雰囲気は「記念すべき再会の時」であったとし、彼らが長崎に原爆を投下した当事者であったにしても「彼らに対する反発と憎悪は目立ったものではなかった。むしろ、戦時中に活水女学校および長崎市内の教会に集うキリスト教徒は、軍部に弾圧された被害者であって、敗戦による解放はアメリカがもたらしてくれた恩恵でもあったのである[22]」と記しています。続いてその年のクリスマスについても以下のような記述があります。「活水高女の演奏会　連合軍将兵にクリスマスプレゼントの一つとして二一日夜元三菱会館で活水コーラス団の演奏を行い翌二二日は三時から同校講堂でフーブ、レスキー、ディクソンの三将兵も出演してクリスマス大演奏会を開くことになった[23]」と、そして「ここには敗者と勝者の区別はないだろう。その意味で理想的な交歓がここにはあつた」と。長崎再建の出発点にはこのような光景があったのです。

活水女学校では敗戦後二年目にして式典で軍政府からの祝辞が読まれました。当時の軍政官は陸軍大佐ビクター・Ｅ・デルノア。代読者のニグロ氏とは長崎軍政教育官ウィンフィールド・Ｐ・ニグロのことであり、彼の任務の一つは長崎県下の小学校を訪れて、子供たちを前にして民主主義をわかりやすく解説し、軍国主義的・封建的な古い日本の教育を一掃することでした。また一九四六年八月に来日した宣教師カーブ氏が訪れ、活水関係者と懇談し、活水側からは以下の要望が出されました(24)。

1、派遣を希望する宣教師数五、2、その住宅、暖房のこと、3、梅香崎校舎建築のこと、4、校地拡張の件、5、パイプオルガン・ミシン・図書・標本・教具　寄贈の件、6、教員優遇の件(25)

このように活水と米軍との関係修復への歩みは戦後直ちに開始されましたが、戦後長崎の復興は長崎市に設置された米国軍政府の力に負うところが大きかったことが、長崎市民の対米国感情を複雑なものにしていることは否めなかったとも記していることに注意したいと思います。ましてや長崎のキリスト教会は彼らと同じ宗教を共有しているのであり、その感情は戦後のキリスト教ブームは米国という勝者の宗教が、それ以前とは全く異なった新しい価値観を日本にもたらしたことによる憧れと、同時にコンプレックスが複合したものでした。この故に、原爆投下という事実が単線的に反核・平和と反米への路線に長崎のキリスト教会を導かなかったことは当然でもありました。米国駐留軍が長崎のプロテスタントキリスト教会の復興に大きな貢献をしたことは一部記しましたが、卑近な例からも長崎のプロテスタントキリスト教会（界）と米国軍政府との親密な関係をうかがうことができます[26]と記しており、被爆直後、敗戦直後の長崎市民の一般的な感情とキリスト教学校、教会との受け止め方の間にそのような乖離があったことを窺わせます。

また長崎のキリスト教会はどうであったのでしょうか。「駐留米軍は敵対すべき支配者＝勝者ではなく、復興を力強く支援する友人でさえあった。それは百年近くにも及ぶ米国プロテスタント教会との深い関係が、彼らを異質な他者として見ることからある程度解放してくれたからであった。したがってまず目指されたことは「和解」であり、原爆投下国に対する糾弾ではなかった。もちろんその背景にはGHQによるプレス・コード発令（原爆及び連合国に関わる批判的言論の禁止）が大きな影を落していることは否定できない。しかしそれにしても米軍＝米国を心理的に受け入れる素地は長崎のプロテスタントキリスト者には十分あったと言うべきだろう。そして米軍＝米国も彼らを敗者とみなさない余裕があった。双方は力をあわせて長崎の復興に向かった[27]」と記しています。ともあれキリスト者にとって、まずは教会の再建が急務でした。

第五節　ララ物資とキリスト教世界

戦後直後の日本にとって最優先の課題の一つは危機的な状況におかれた食料や衣料でした。この時に実施された援助がララ物資です。ララ物資とはLARA（Licensed Agencies for Relief in Asia、アジア救援公認団体またはアジア救済連盟）が提供した日本向けの援助物資のことです。一九四六年一月二二日にサンフランシスコ在住の日系アメリカ人浅野七之助が中心になって設立した「日本難民救済会」を母体としたものです。知日派のキリスト友会員の協力によるところが大きいとされています。一九四六年一一月から五二年六月まで行われ、重量にして三三〇〇万ポンド（約一五〇〇万キロ）余の物資、その内訳は食料七五・三パーセント、衣料一九・七パーセント、医薬品〇・五パーセント、その他四・四パーセントであり、推定で当時の四〇〇億円という莫大なものでした。[28]

この「ララ物資の配分に関しては、一部キリスト教関連の施設が拠点となって行われたという事実」[29]があると指摘されています。『長崎新聞』（一九四八年一月一六日）の記事は「第九回ララ物資県から聖母の騎士団に配分」とあり、「総司令部顧問ヴィーナス博士は、活水、海星、常清、鎮西学院、純心女学校を視察し、宗教家と懇談の時を持った」ことも[30]報じられています。

このような状況は一般的にキリスト教会と関連組織・施設が物質的には「恵まれた環境」にあったことを指摘しています。また長崎バプテスト教会の状況について次のようなことが記されています。

戦争が終わりましてから、教会は息を吹き返して盛んになっていくわけです。教会員たちもボツボツ戻って参ります。そしてもう一つ印象的であったのは、教会には物があったということです。戦後、アメリカ軍が真っ先に教会を訪問してくれたのを覚えています。チャプレン、或いはバプテストの牧師であった人が、タバコとかキャンディーとか、そういう物を持って教会を訪問して来ました。それから二年しましたら、教会に組織的に物資が運ばれて来るようになりました。衣料品と言いますと古着です。アメリカ人の着ている下着。それから軍服に使っていたシャツだとかズボンだとかどんどん来るわけですね。他に女性服、子供服、そしてこちら側には缶詰、コーンビーフ、だとかソーセージの缶詰などがズラッと並ぶのです。私はこれがどのような形で配られたのか良くわかりませんけれど、ただそれをめぐって教会では醜い争いが起こったのを覚えております。(31)

キリスト教国であり戦勝国のアメリカのこのような援助が当時の日本社会にあって、キリスト教会・学校がどのような位置にあったか明確になる事例です。当時、信徒であった川野正七は長崎古町教会に出席していました。彼はこの時期の教会の状況について戦時下に見慣れない出席者が憲兵であったこと、「戦後になると世間のキリスト教に対する態度は一変し、『ライススクリスチャン』なる語も生まれ、クリスチャンのふりをすることで進駐軍の米人の恩恵に浴しようとする人が増えた」と記し、「戦勝者の宗教を知ろうとする者、天皇崇拝の崩壊した空虚をキリスト教によって埋めようとする者、更には窮迫と絶望のなかで心の拠り所を求めようとする者」などで教会に出席する人の数は増加した(32)と記しています。

ララ物資とこれらを求める人々、これらを配分する機会を持った教会と関連施設が、キリスト教ブームの一部を構成していたからです。

長崎では、一九四七年一〇月二〇日県庁からララ物資の配分の通知が伝えられ、一〇月二四日長崎市常盤町の倉庫において各学校の責任者に渡されました。品物の配分はくじ引きではなく実際に困っている人が対象でした。

また一二月四日には連合軍恵与の乾電池が配給され、活水女学校には三梱包の配分がありました。こういう政府機関によるものとは別に、活水女学校ではアメリカのメソジスト教会から数回にわたって衣料、靴、および食糧が贈られて来ました。職員生徒の中で特に困窮している者をはじめとして卒業生や保護者にまでも分けられました。ほとんどが中古品であったが感謝されたとあります。[33]

第六節　青山武雄牧師のこと——馬町教会・長崎ＹＭＣＡ・長崎外国語学校（現長崎外国語大学）のこと

すでに述べたように長崎にはともにメソジスト系の活水女学校、諫早に移った鎮西学院がありましたが、戦後まもなく長崎に新しくキリスト教系学校が生まれました。これが現在の長崎外国語大学です。これには以下に述べる青山武雄という人物を抜きに語ることはできません。

以下、その概略を紹介します。青山武雄は一九〇六年に生まれ、同志社大学専門部神学科を卒業後、戦時下には長崎馬町教会の牧師でありつつ、四二年四月からカトリック系の長崎東陵中学（現・長崎南山学園）に勤務し、戦後は校長代行を務めました。彼は敗戦直後の四五年一二月に長崎馬町教会に当時は休止していた長崎ＹＭＣＡを再建して教育部門を創設しました。長崎古町教会、銀屋町教会を会場として市民を対象とした英語講習会初等科・中等科を、二月からは中学あるいは女学校の卒業生を対象に受験科を設け、修復された馬町教会に教室を移転して新たに婦人教養科を開講しました。彼は長崎馬町教会の牧師としては四六年に辞任し、四七年四月三〇日に三年制の各種学校として長崎外国語学校を設立し、これが母体となって五〇年に長崎外国語短期大学となり学長のちに理事長となりました。五一年三月学校法人長崎ＹＭＣＡ学院として改組され、六〇年二月に長崎学院と改称しました。彼はのち日本ユネスコ国内委員のほか、長崎ユネスコ協会会長、長崎北ロータリークラブ会長、地方労働基準審議会会長、社会福祉協議会会長などを務めました。戦後の長崎でキリスト教に基づく教育、社会の進展に貢献した人物です(34)。彼のことについては一部にその強烈な個性について論じた人々もいたようです。

第七節　長崎平和記念教会の創立

長崎平和記念教会は一九五〇年一〇月一五日にＹＭＣＡでの創立総会においてその歩みが始まり、五一年一月三日にベスト宣教師を初代牧師として創立しました。その経緯は以下の通りです。日本基督教団史資料集にその資料はありませんが、日本基督教団復興委員のカーブ博士と木村蓬伍が長崎を訪問し、長崎の牧師と協議懇談が行われ、原爆落下中心地に記念教会を設立することが決議されました。続いて市内の五つの教会の牧師と信徒代表（長崎銀屋町教会、長崎馬町教会、長崎教会、長崎古町教会、飽の浦教会）によって記念教会建設委員会が組織されました。代表は前長崎銀屋町教会牧師で活水女学院宗教主任吉見信が就任しました。またその後、土地の取得、資金の確保で難渋を重ねましたが、五〇年になってミス・ギールが三〇〇ドルを献金したことによって教会の敷地一五〇坪が確保されました。その後募金が連合婦人会、連合青年会と各教会などによってなされました。一九五二年までアーネスト・E・ベスト牧師は友愛館の館長も務めた後、第二代牧師として前に述べた安藤肇が就任しました。(35)

このように長崎平和記念教会の創立は極めて特異なものでした。一般には「最初は少数の信徒の集会が始まり、それを核として伝道所が誕生し、やがて成長して教会を設立するという経緯を辿る」のに対して、この場合は「まず教会設立の計画があり、教会を設立した後で教会員が出来て行った(36)」のであり、長崎市内の五つの教会と教団が生み出したのでした。この教会は日本基督教団が設立した最初の教会のひとつであろうと記しています。

第八節　長崎ＹＭＣＡ

長崎にＹＭＣＡが設立されたのは一八八四年でしたが一九三〇年以降は休止状態でした。敗戦後間もない一九四五年一一月に、すでに紹介した当時は長崎馬町教会牧師であった青山武雄を中心にこの教会を長崎ＹＭＣＡ仮事務所として「長崎基督教青年会」の看板を掲げて活動を開始しました。四六年一月に「英語講習会」、続いて二月には「婦人の英会話と基礎講座」と「高校受験講座」も始まりました。同じころ長崎市内の主だったキリスト者が集まり、「長崎基督教青年会常任委員会」を設立し、英語講座を画工組織にすること、長崎ＹＭＣＡ会館の建設をすすめることを決定しました。こうして四七年四月に「長崎外国語学校」が設立されました。教員らは主に長崎経済専門学校、長崎医科専門学校の教師を中心に帰任したアメリカの宣教師たちでした。そして四九年一〇月には財団法人長崎ＹＭＣＡを設置者として長崎外国語短期大学設置認可がおりました。長崎ＹＭＣＡはこれ以外にも四六年四月から教養講座、レクリエーション講座、音楽会などを催し、軍政府からもニプロ教育官、メダール補佐官が指導者として参加するなど、原爆の被災を受けながら戦後まもなくＹＭＣＡは活発に活動を展開していきました。このなかでとりわけ現在の長崎外国語大学、設立当時は長崎外国語短期大学の設立に、すでに述べたように青山武雄が大きく関わったことが指摘できます[37]。

補論　永井隆のこと

長崎の原爆に関しては有名になった永井隆（一九〇八・二・三―五一・五・一）のことを補足として述べます。彼は長崎医大を卒業後も医大で放射線医学を専攻し、熱心なカトリック信徒森山みどりと結婚したことで洗礼を受けて聖ヴィンセント布教宣教会会員となりました。長崎医大教授としてＸ線撮影の仕事を続けたため四五年五月頃白血病にかかり、あと三年の命と診断されました。八月の長崎原爆投下後は自身の負傷をかえりみず他の被爆者の治療のほか、遺体捜し、火葬に当たり、妻の遺骨も自らの手で埋葬しました。その後も被爆患者の身をおして、他の被爆者の治療を続けながら細かく原爆症を観察研究しました。四六年一一月白血病で動けなくなると浦上教会の信徒たちが寄贈した小屋〈如己堂《にょこどう》〉に愛児二人と住み、『花咲く丘』（四九）、『いとし子よ』（四八）、『亡びぬものを』（四八）、『この子を残して』（四八）など数々の名作を発表し、「長崎の鐘」という映画や歌が作られて大きな反響を呼びました。また原爆被災地の子供のために設けた「うちらの本箱」は、現在長崎市により永井記念図書館として運営されています。また八三年に「この子を残して」が映画化されました。(38) 彼は原爆投下を肯定していたとされ、戦争責任論をめぐる議論のなかではあまりにも高名であったためその評価は難しいといえます。

まとめ

わたしたちの課題は、冒頭に紹介した安藤肇の指摘にあるように戦後の日本のキリスト教会がキリスト教の信仰の根本である神への信仰と、日本という国家、その意味するところが天皇への忠誠といわないまでも、当時は日本の臣民、国民のひとりとして、敗戦をどのように受け止めたのかを問うことにありました。

ここで取り上げた長崎の場合は原爆によって壊滅的被害を受けました。それは教会も学校も同様でした。このことについてこれまで紹介したように一般の市民においても反発や憎悪も目立ったものはなかったとされています。根本的には戦後の占領軍の統治について一部に言及はされているものの、われわれの問いに答えるものではありません。ＧＨＱによる報道管制（プレスコード）による統制があったにせよ、他方では学校も教会も連合軍、そしてアメリカの教会との関係を急速に回復していきました。それは「勝者・敗者」の区別なしにと受け止められ、これからは「和解」をと述べたとおりです。確かにキリスト教（界）は、おそらくは他の地域と同様に長崎でも優遇された存在であったといえるでしょう。

戦後の復興、再建をという場合でも、安藤が指摘しているようにかつては国家神道に従属し、次には占領軍とアメリカの教会がいう平和、民主主義に追随するだけであったとしたならば、どこに日本のキリスト教、キリスト者としての主体性があったのか、そしてこの戦後の歩みのなかで、いつからその営みが始められたのか、ということこそが課題です。

その意味は、日本に種が播かれて日本で生育する日本のキリスト教（界）としての課題がここにあるということです。そして長崎においては、この状況のなかで長崎平和記念教会という新しい教会を生み出し、現在の長崎外国語大学を生み出しました。

ここで問おうとするわたしたちの課題の中心は、もちろん当事者である日本のキリスト教への信仰とその有り様を問うことです。その意味は個別日本の近代の歴史のなかで成立した日本のキリスト教を問うことでもあります。そして実は日本以外においても、例えば日本の植民地統治のなかに置かれた朝鮮半島や台湾におけるこの時代の教会の信仰、あるいはさらに視点を広げて第二次世界大戦後のアジア各国のキリスト教会がどのような状況に置かれて、どのようにキリスト教の信仰を持っていたのかを問うことへと広げることができるはずです。もちろんここで言及することはできないものの、同じようにミッション・フィールドにあるそれぞれのキリスト教の信仰の位相における課題を問うことの意義があると考えるからです。

注

(1)『霊南坂教会一〇〇年史』霊南坂教会創立一〇〇年記念事業実行委員会、一九七九年、四三三～四頁。

(2) この本は二〇〇五年に復刻された。ここではこの復刻版を参照する。日本のキリスト教の戦争責任に関する本は、森岡巌・笠原芳光『キリスト教の戦争責任――日本の戦前・戦中・戦後』教文館、一九七四年を参照のこと。

(3) 前掲書、八四頁。

(4) 前掲書、八四頁。

(5) 前掲書、八四頁。

(6) 前掲書、八五頁。

(7) 前掲書、八六頁。

(8) 前掲書、八四頁。

(9)『高知教会百年史』高知教会百年史編纂委員会、日本基督教団高知教会、一九八五年。

(10) 前掲書、二二八頁。

(11) 前掲書、二三〇～二三一頁。

(12)『原市教会百年史』日本基督教団原市教会、一九八六年。

(13) 前掲書、二八五頁。
(14) 甘楽教会所蔵資料。
(15) 「長崎県」、『日本キリスト教歴史大事典』教文館、一九八八年、九八一〜九八二頁。
(16) 『ナガサキは語りつぐ——長崎原爆戦災誌』長崎市編・長崎国際文化会館監修、岩波書店、一九九一年、一七五頁以下。
(17) 『長崎市政六五年史』後編、昭和三四年三月三一日、九六八頁。「占領軍統治」という章のなかの「終戦と進駐」という項目からの引用。
(18) 前掲書、九六八頁。
(19) 『活水学院百年史』活水学院百年史編集委員会編、活水学院、一九八〇年、二三一頁。
(20) 『歴史の交響——活水学院と長崎プロテスタント教会の百二十年』活水同窓会、香柏、二〇二五年、二一三〜二一五頁。
(21) 前掲書、二一八頁。
(22) 前掲書、二一八〜二一九頁。
(23) 前掲書、二一九頁。
(24) 『活水学院百年史』、二四八〜二四九頁。
(25) 前掲書、二四八〜二四九頁。
(26) 『長崎銀屋町教会百年史　第二部　1942−2000』長崎銀屋町教会百年史編集委員会編、日本基督教団長崎銀屋町教会、二〇一二年、七六頁。
(27) 前掲書、六三頁。
(28) Wikipedia による。
(29) 『長崎銀屋町教会百年史　第二部』、八〇頁以下。

(30) 前掲書、八〇頁以下。
(31) 前掲書、八〇～八一頁。
(32) 『長崎古町教会六〇周年記念誌』日本基督教団長崎古町教会、一九八〇年、三三頁以下。
(33) 『活水学院百年史』、二五九頁。
(34) 「青山武雄」、『日本キリスト教歴史大事典』、二三～二四頁。
(35) 『長崎銀屋町教会百年史　第二部』、一〇四頁以下。
(36) 『長崎平和記念教会四十年の歩み』日本基督教団長崎平和記念教会、一九九一年、四七頁。
(37) 松本汎人『長崎ＹＭＣＡ戦後三五年の歩み——組織と施設、喪失と再興の物語』（私家版）、二〇一一年、二〇～二一頁。
(38) 「永井隆」、『日本キリスト教歴史大事典』、九七三頁。

※ 本稿の執筆にあたっては、小西哲郎教授（長崎外国語大学）から大量の資料の提供を受けました。記して謝意を表します。

特別講演　戦後の賀川豊彦という難問

戒能　信生

第一節　賀川豊彦という存在

日本キリスト教史において、賀川豊彦はきわめて大きな、そして特異な存在と言えるでしょう。明治期末の時代、神戸神学校の学生として神戸新川のスラムに飛び込んだ若き賀川豊彦は、「救霊団」という独自のセツルメント活動を始めます。当時のキリスト教会が貧しい民衆や労働者たちに向き合っていないことへの批判からでした。その活動が一種の行き詰まりを見せると、賀川はアメリカに留学し、そこで学び経験したことを生かして、帰国後、新川での活動を続けながら、この国における最初期の労働運動の担い手になります。並行して神戸に生活協同組合運動を立ち上げ、さらに農民組合運動にも先駆的に手を拡げていきます。また『死線を越えて』を初めとする一連の自伝的小説は、当時としては破格のベストセラーになり、賀川の名前は広く知られるようになります。一九二三年の関東大震災以降、神戸から東京に活動の場を移した賀川は、被災者救援活動から生まれた本所基督教産業青年会を初め、各地に様々な隣保事業を展開していきます。以降、言わば全国区となった賀川は、一九二六年から日本基督教聯盟を背景に、「神の国運動」という全国的な伝道活動を始めます。それは、明治期以降で最も成果をあげた伝道活動であったと評価されています。しかし戦時下に入ると、賀川はその反戦的言動が咎められて東京憲兵隊に逮捕・収監され、一ヶ月後に釈放されたものの、以降その多面的な活動は当局から自粛を求められ、一切の公職から退かざるを得なくなります。

戦時下逼塞を余儀なくされていた賀川に、敗戦直後、スポットがあたり始めます。東久邇宮内閣の内閣参与に選任されたのを皮切りに、貴族院議員に勅撰され、一躍、戦後社会のオピニオン・リーダーに躍り出るのです。一時は、政界の一部に賀川を次期総理大臣の候補と見做す動きすらありました（木俣敏『終戦日記』による松山常次郎の証言）。すると、賀川の戦時下のアメリカ向けラジオ放送が戦争協力として取り上げられ、戦争に荷担したとする非難が、主に日本共産党によって展開されもしました。そのような世間の動向に対し、例えば日本基督教団東京教区総会は「賀川豊彦氏誹謗に対する抗議声明」（一九四六・五・二一）を決議して賀川を擁護しています。

そのような中で、賀川は日本社会党の結党大会の議長を務めたほか、日本協同組合同盟（現在の全日本生活協同組合連合）の会長に就任し、全国農民組合（現在の全農協＝JA）の組合長に推され、さらに一九五五年にはノーベル平和賞候補に推薦されます。一方キリスト教界においては、一九四六年から始まった新日本建設基督運動の主要な講師として、全国津々浦々にその伝道活動が展開されます。「賀川来たる」と言えば、数百、数千の人々がその講演を聴くために群れ集まりました。賀川豊彦は、言わば「戦後のキリスト教ブーム」の牽引役を担うことになるのです。

第二節　忘れられる賀川の存在

しかしこのような戦後の賀川は、これほどの知名度があり、華々しい活躍をしたにもかかわらず、その後の日本社会において、例えば言論界において、またキリスト教界においても急速にインパクトを喪失し、影響力を失っていきます。

これは一つの例ですが、岩波書店から刊行されている雑誌『世界』の総索引が刊行された際、賀川豊彦が執筆しているかどうかを調べたことがあります。しかし賀川の名前はそこには全く見出せませんでした。『世界』が戦後日本を代表するジャーナリズムかどうかはともかく、それはある意味で象徴的です。あるいは、これは古屋安雄先生から直接窺ったエピソードですが、一九五〇年代の半ば頃、アメリカ長老教会から東京神学大学に派遣されたS・H・フランクリン教授のキリスト教倫理学のゼミで、賀川豊彦を取り上げようとしたところ、出席していた神学生のほとんどが反対したので、やむなく賀川を取り上げることができなかったというのです。つまり賀川豊彦の存在は、奇妙なことに急速に陰りを見せ、忘れられていくのです。

また賀川豊彦について、隅谷三喜男先生や雨宮栄一牧師がそれぞれ優れた評伝を書いています。

しかしそのいずれにも、戦後の賀川についてほとんど触れられていません。その理由として、隅谷先生は「私自身も戦後の賀川を論ずることが無意味だと考えているわけではない」としつつも、「賀川の人と思想の全振幅は、戦前の言動において十分考察することができるし、またそこでこそ考察されなければならないと考えたからである」（『賀川豊彦』）と「あとがき」に記されています。また雨宮牧師は、賀川豊彦評伝三部作によって賀川の生涯を詳細に取り上げながら、戦後の賀川を取り上げることはしていません。その理由について、「歴史的評価を可能にする時間的な、或いは客観的に見うる距離がいまだに満たされていない」（『暗い谷間の賀川豊彦』）と説明するのみです。しかしそれはなぜなのでしょうか。ここに、戦後の賀川の評価を巡る困難があると言えます。

第三節　敗戦直後の賀川の思想と信仰

二〇〇九年、賀川献身一〇〇年の記念事業が計画されたとき、私はその企画委員の一人として、共同研究「日本キリスト教史における賀川豊彦」を主催し、『日本キリスト教史における賀川豊彦――その思想と実践』（新教出版社、二〇一一年）を編集しています。その際、敗戦直後の時期に全国各地で繰り広げられた「新日本建設基督運動」における賀川の主張、言説を詳細に検証したことがあります。

それは、敢えてまとめれば次のような論点に集約されます。

①贖罪愛の精神で日本再建に共に立ち上がろう。
②「君主制民主主義」（天皇制の存続）に賛成。
③唯物論的革命ではなく、十字架の信仰に根差した精神革命こそ必要。
④協同組合運動を推進し互助共助の社会を建設せよ。
⑤暴力革命ではなく、平和主義に徹せよ。
⑥世界平和を実現するために世界連邦運動を推進せよ。
⑦女性の権利の拡大をはかれ。

敗戦後間もない時期、人々が茫然自失し、この国の将来について指針を見失っていた時代に、賀川が新日本建設基督運動において主張しているこれらの論点は、実は賀川自身にとっても必ずしも目新しいものではありませんでした。それは、既に大正期、あるいは昭和前期の時代に、賀川が取り組んだ労働運動、農民組合運動、協同組合運動、普選運動、さらに神の国運動などにおいて、賀川自身が盛んに展開してきた主張の、言わば戦後版焼き直しという面を見逃すことができません。事実、この時期に多数刊行されている賀川の著作の多くが、大正期・昭和前期に発表した講演や評論、随筆、小説などを再録、あるいは再編集したものでありました。つまり、敢えて言えば、戦争とそして敗戦という事態は、賀川の信仰や思想に基本的な変更や転換を迫るものではなかったと言えます。戦前の賀川も戦後の賀川も、何も変わっていませんでした。ある意味で、賀川にとって変わる必要がなかったと言えるかも知れません。だからこそ、敗戦の事態に茫然自失している人々に対して、賀川はいち早く日本再建のために共に立ち上がろうと呼びかけることができたと観ることもできます。

しかしさらに言えば、あの戦争の経験の中で深められ、練り直された思想の展開は、そこにはほとんどなかったことも事実です。すなわち、この時期の賀川には、戦争責任の問題、それは単に戦争に荷担したかしなかったかと言うだけではなくて、あのような戦争の中でこそ問われ、深化される思想の展開はほとんど見られなかったと言えます。そこに、賀川の新しさはありませんでした。古いままの賀川、戦前の賀川が、戦後再び脚光を浴びたに過ぎなかったと言えるのではないでしょうか。

したがって、あの戦争の経験の中でこそ深められ、自らを問い直す思潮がやがて現れてくると、賀川の主張は急速にそのインパクトを失って行かざるを得ませんでした。時代が彼に追いつき、追い越されていくことになってしまったとも言えます。戦後民主主義の諸価値の多くは、戦前の賀川が既に主張していたものでありました。新憲法が施行され、普通選挙が実施され、女性の参政権が認められ、農地解放が実施され、そして天皇が「人間宣言」をしていくと、戦後社会が賀川に追いついてしまったのです。そしてオールド・リベラリストたちの多くが思想界から退場していかなければならなかったとき、賀川もまた思想的な退場を余儀なくされたと言えるのではないでしょうか。

それ以降の賀川は、『宇宙目的論』や『世界連邦運動』といったさらに遠い夢と理想を掲げることになります。そしてそれらの遠い理想は、戦後社会から受け入れられず、次第に忘れられていったのです。一九六〇年四月、七二歳の賀川豊彦は、「日本の教会を強くしてください、日本を救ってください、世界平和を来たらせてください、主キリストによって、アーメン」と言い残して逝去してしまいます。以降、急速に賀川の存在は忘れられ、人々の記憶から遠のいていきます。

第四節　最近の賀川再評価の動向

しかし賀川の死後半世紀が経過した頃から、賀川が主張していたいくつかの論点が再び評価されるようになって来ています。

その一つは、賀川が生涯をかけてこの国に形成しようとした中間集団の存在です。改めて考えてみると、労働組合、農民組合、生活協同組合、そしてなによりキリスト教会は、いずれもこの国にそれまで脆弱であった中間集団（あるいは中間勢力）の形成を意味します。それは、国家と個人の間にあって、権力の支配に対抗し、政府の強権を抑止する勢力として機能するはずでありました。しかし残念ながら、この国におけるこれらの中間集団の多くは、戦時体制に、あるいは神権天皇制の呪縛に包摂されてしまいました。そうでなくては存続自体が許されなかったとも言えます。しかし賀川が提唱したこれらの中間集団の存在は、そしてその協同組合論は、例えば最近、柄谷行人や斎藤幸平などによって、強欲な資本主義に対抗するオータナティブとして再評価されるべきと指摘されるようになっています。

また、その「宇宙目的論」についても、賀川の最後の著作『宇宙の目的』（毎日新聞社）は、出版当時、素人的な科学的知見と素朴な贖罪愛信仰をダーヴィニズムと混淆しているだけと酷評されましたが、ティヤール・ド・シャルダンの再評価に関連して見直されるべきとする見解も示されています。例えば、T・J・ヘイスティングス（プリンストン大学）の“Seeing All Things Whole”（2015）が上げられます。

私自身は、明治から大正、そして昭和前期にかけての時代、貧しい人々や民衆に向けて、贖罪愛の信仰を説き、共に力を合わせて立ち上がろうと呼びかける言葉をもった伝道者であったという点にこそ関心があります。その意味で、賀川豊彦のような人物とその信仰・思想を評価する方法論が、日本の教会や神学界には未だ形成されていないのではないかと考えているのです。

以上短く「戦後の賀川という難問」について私が考えていることを申し上げました。

あとがきにかえて

本書は、二〇二一年度からスタートした富坂キリスト教センター「戦後社会制度とキリスト教〈1945―60年〉」研究会において取り交わされた調査、議論をもとに、その成果を座長である原誠さんをはじめ研究員があらためてまとめたものです。さらに研究会で講演された戒能信生さんが講演録をご提供くださり、より内容に厚みを増した研究報告集として出版することができました。

この研究会の実施は、新型コロナウィルスが蔓延し、移動、集合に困難が生じた時と重なりました。できるだけ「現場」からの声を反映していくことを目指して、広範な地域から研究員が招集されたため、研究会は、常にオンラインを併用し行われました。研究会で概観された「敗戦直後」には、このような「省み方」など予想すらできなかったと思います。地理的距離のみならず、研究員の年齢も広範でした。「同じ時代」を眼差していても、その捉え方や強調点は多様であることを実感させられました。果たして、今の時代を、未来の人々はどのような方法で、また切り口で見つめるでしょうか。

出版にあたり、研究会では本書を通して、一九四五年から六〇年の日本という地域におけるキリスト教について知ろうとする人が、立体的に物事を見つめ、さらに資料アクセスができるガイドになればという話し合いをしました。特に若い人々が八〇年前の連続性の中で今を捉え直すきっかけとなることに留意し、研究発表の体裁には拘らず、語りかけるように記そうとも話し合いました。このようなコンセプトが各著者にどのように反映されたのかにも、注目して読んでいただければと願っています。そして、敗戦八〇年目にこそ、本書を通してキリスト教の「その時」を切り込み、今を切り込むような小さな取り組みの萌芽を期待します。

この本のタイトルは『戦後日本とキリスト教――敗戦の混乱期から社会制度の確立期まで』となりました。私自身がこのタイトルから感じたことが三つあります。まず、この本の中には「今も戦後ではない」ことの訴えが組み込まれていますが、なお、「戦後」を語る必要を読者がそれぞれに思いめぐらせる必要があるということです。二つ目は、日本という言葉からイメージされ、表されようとすることは、固定的ではないということです。日本という記号の「流動性」を求める要請が、本書の中で叫ばれています。三つ目は混乱期についてです。混乱期と捉えるのは果たして誰かです。歴史検証は、過去に名前をつける権威を握っているようでありながら、実は今と自分の在り方を露出しているのではないかと、この間の取り組みから教えられてきました。本書のタイトルからこのような「想像」が後景にあることを、本研究会主事として立たされた私の最後の責任として、ここに残したいと思います。

研究員との出会いは、今後の研究に向けてもかけがえのないものとなりました。本書の出版にあたり、富坂キリスト教センター主事の岡田仁さんより細かくご指導をいただきました。新教出版社の小林望さん、森本直樹さんからは、的確なご助言を賜り、本書を皆さんの手に届けることができ

ました。心から感謝を述べたいと思います。

二〇二五年一月

富坂キリスト教センター　「戦後社会制度とキリスト教〈１９４５―６０年〉」研究会主事

渡邊　さゆり

執筆者紹介（執筆順）

大久保正禎（おおくぼ・まさよし）
日本聖書神学校卒業。日本基督教団京葉中部教会、王子教会を経て現在、西片町教会牧師。論文「戦後・日本基督教団と沖縄の関係」（『戦後70年の神学と教会』新教出版社、二〇一七年所収）、「『日本的基督教』への道のり――今泉源吉のあゆみ」（『協力と抵抗の内面史――戦時下を生きたキリスト者たちの研究』新教出版社、二〇一九年所収）他。

落合建仁（おちあい・けんじ）
東京神学大学大学院博士後期課程単位取得後退学。日本基督教団鎌倉雪ノ下教会主任担任教師代務者及び担任教師を経て、二〇一二年より金城学院大学に奉職。現在、同大学文学部教授。主な著書として、『日本プロテスタント教会史の一断面――信仰告白と教会合同運動を軸として』（日本キリスト教団出版局、二〇一七年）等がある。

寒河江健（さがえ・けん）
同志社大学大学院神学研究科博士前期課程修了。現在、日本基督教団十日町教会牧師。

李相勲（い・さんふん）
延世大学大学院神学科博士課程修了、博士（神学）。宣教学専攻。在日大韓基督教会牧師。関西学院大学教員を経て、現在、名古屋学院大学国際文化学部教員。

福山裕紀子（ふくやま・ゆきこ）
同志社大学大学院神学研究科博士前期課程修了、立教大学大学院キリスト教学研究科ウィリアムズコース修了。日本基督教団早稲田教会伝道師・副牧師、日本基督教団会津若松教会牧師を経て、二〇二四年より日本基督教団廿日市教会牧師。

渡邊さゆり（わたなべ・さゆり）
関西学院大学神学部神学研究科博士課程後期課程単位取得満期退学。旧約聖書学専攻。現在、日本バプテスト同盟駒込平和教会牧師、国際基督教大学、ルーテル学院大学ほか、兼任講師。訳著『ニューセンチュリーバイブル注解　哀歌』日本キリスト教団出版局、二〇二一年、共著『新版・教会暦による説教集「イースターへの旅路　レントからイースターへ」』キリスト新聞社、二〇二一年ほか。

原誠（はら・まこと）
日本キリスト教団牧師。同志社大学神学部卒業、同志社大学大学院神学研究科（博士課程前期）修了。霊南坂教会、新島学園短期大学、同志社大学神学部教授を経て、現在、高崎南教会牧師。神学博士（同志社大学）。主要著作『国家を超えられなかった教会――15年戦争下の日本プロテスタント教会』日本キリスト教団出版局、二〇〇五年。

戒能信生（かいのう・のぶお）
東京神学大学を経て立教大学キリスト教学科卒、元・日本基督教団宣教研究所教団資料編纂室室長（一九九五―二〇〇五年）。現在、日本基督教団千代田教会牧師。共編著に『日本基督教団史資料集』I―V（日本基督教団出版局）、『ラクーア　その資料と研究』（キリスト新聞社）、『戦時下のキリスト教』（教文館）、『協力と抵抗の内面史』（新教出版社）等。

戦後日本とキリスト教
――敗戦の混乱期から社会制度の確立期まで

2025年2月20日　第1版第1刷発行

編　者　富坂キリスト教センター
発行者　小林　望
発行所　株式会社新教出版社
〒112-0014 東京都文京区関口1-44-4
電話（代表）03（3260）6148
振替 00180-1-9991
印刷・製本　モリモト印刷株式会社

ISBN 978-4-400-21343-7 C1016